아이가 주인공인 책

아이는 스스로 생각하고 성장합니다.
아이를 존중하고 가능성을 믿을 때
새로운 문제들을 스스로 해결해 나갈 수 있습니다.

〈기적의 학습서〉는 아이가 주인공인 책입니다.
탄탄한 실력을 만드는 체계적인 학습법으로
아이의 공부 자신감을 높여줍니다.

가능성과 꿈을 응원해 주세요.
아이가 주인공인 분위기를 만들어 주고,
작은 노력과 땀방울에 큰 박수를 보내 주세요.
〈기적의 학습서〉가 자녀교육에 힘이 되겠습니다.

안녕, 우리는 <u>비법걸&비법보이</u>야.

디자이너 다츠쌤이 우리를 귀엽게 만들어 주셨고,
이름은 길벗스쿨 기적쌤이 지어주셨지.
아직 그렇게 유명하진 않은데...
너희들이 예쁘라 해 주면 우리도 빵 뜨지 않을까? ^^
우리는 이 책에서 초등 전 학년을 맡고 있지!
이 책으로 너희들이 독해를 잘하려면 우리가 하는 얘기를 잘 들어줘야 해.
우리가 전수하는 비법대로만 따라 하면 독해 그까짓 거 식은 죽 먹기라고~!
같이 해 보자~~!!

초등 문해력, 읽기로 시작한다!

기적의 독해력

실력편

길벗스쿨

기 적 의 독해력 4급 초등 2학년 실력편

초판 1쇄 발행 2021년 3월 3일
개정 1쇄 발행 2024년 6월 1일

지은이 기적학습연구소
발행인 이종원
발행처 길벗스쿨
출판사 등록일 2006년 6월 16일
주소 서울시 마포구 월드컵로 10길 56(서교동 467-9)
대표 전화 02)332-0931 | **팩스** 02)323-0586
홈페이지 www.gilbutschool.co.kr | **이메일** gilbut@gilbut.co.kr

총괄 신경아(skalion@gilbut.co.kr) | **기획 편집** 박은숙, 유명희, 이은정, 이재숙
제작 이준호, 손일순, 이진혁 | **영업마케팅** 문세연, 박선경, 박다슬 | **웹마케팅** 박달님, 이재윤, 나혜연
영업관리 김명자, 정경화 | **독자지원** 윤정아

표지 디자인 디자인비따 | **본문 디자인** (주)더다츠 | **전산편집** 린 기획
표지 일러스트 이승정 | **본문 일러스트** 김영곤
CTP출력 및 인쇄 교보피앤비 | **제본** 신정문화사

ISBN 979-11-6406-682-7 64710
(길벗스쿨 도서번호 10921)
정가 11,000원

독자의 1초를 아껴주는 정성 길벗출판사

길벗스쿨 | 국어학습서, 수학학습서, 유아콘텐츠유닛, 어학학습서, 어린이교양서, 교과서, 길벗스쿨콘텐츠유닛
길벗 | IT실용서, IT/일반 수험서, IT전문서, 어학단행본, 어학수험서, 경제실용서, 취미실용서, 건강실용서, 자녀교육서
더퀘스트 | 인문교양서, 비즈니스서

『기적의 독해력』을 펼친 여러분께 우선 박수를 보냅니다.

이 책은 여러분의 독해력을 키우기 위해 만든 책이에요. '독해력'이 뭐냐고요? 읽을 독(讀), 이해할 해(解), 힘 력(力) 자를 써서, 글을 읽고 이해하는 능력(힘)을 말해요. 지금처럼 이 글을 읽고 무슨 뜻인지 알겠으면 독해가 되고 있다는 거고요. 이 글을 읽고는 있지만 도통 무슨 말인지 모르겠으면 독해가 잘 안되고 있다고 할 수 있죠.

우리는 살면서 많은 글을 읽어요. 그림책, 동화책, 교과서, 하다못해 과자 봉지에 있는 글까지. 그런데 이렇게 많은 글을 읽어도 이해하지 못한다면 얼마나 답답할까요? 글을 읽고 이해가 되어야 깨닫게 되고, 몰랐던 것을 알게 되고, 또 이어질 여러 가지 문제를 해결할 수도 있는데 말이죠.

그래서 '독해'는 모든 공부의 시작이고, '독해력'은 우리가 가져야 할 제일 중요한 능력 중의 하나이지요.

여러분이 펼친 『기적의 독해력』 시리즈는 여러분이 초등 공부를 시작할 때부터 완성할 때까지 함께할 비법서랍니다. 예비 초등학생을 위한 한 문장 독해부터 중학교 입학을 앞둔 6학년을 위한 복합적인 글 독해까지, 기본을 세우고 실력을 다질 수 있는 다양한 유형의 독해 글감과 핵심을 파고드는 문제들을 담고 있어요.

혹시 "글 속에 답이 있다!", "문제에 답이 있다!"라는 말을 들어 보았나요?
『기적의 독해력』 시리즈로 공부하면 여러분은 분명 그 해답을 쉽게 깨치게 됩니다.

잠깐, 쉽다고 대충 하지는 말아요! 글을 꼼꼼히 읽고 내가 잘 읽었는지 찬찬히 떠올리면서 문제까지 수월하게 해결해 나가는 게 가장 핵심이 되는 독해 비법이랍니다. 가끔 문제는 틀려도 돼요. 틀리면서 배우는 게 훨씬 많으니까요!
자, 머뭇거리지 말고 한번 시작해 보세요.

2021년 2월
기적학습연구소 국어팀 일동

독해력, 그것이 알고 싶다!

Q 독해력을 기르려면 무엇부터 해야 할까요?

A 다양한 글을 읽어야지요. 독해력은 하루아침에 길러지는 역량이 아닙니다. 하루에 한 편씩 짧은 글이라도 읽는 습관을 만들어 주는 것이 중요합니다. 또 자신이 읽은 글의 내용을 정리해 본다거나 한 문장으로 요약해 보는 습관을 기른다면 아주 효과적인 독해력 상승을 기대할 수 있습니다. 이 대목에서 '책 읽기'는 두말하면 입 아프겠지요? ^^;

Q 초등 입학 전에 독해 공부가 필요할까요?

A 초등학교에 입학해서 처음 보는 교과서는 기존에 봤던 그림책과는 구조와 수준이 달라서 급격하게 어려움을 느낄 수도 있습니다. 특히 문제 풀이에 어려움을 겪을 수 있으니 간단하고 짧은 글을 읽고, 내용을 이해했는지 가볍게 훑어보며 문제를 푸는 연습을 하면 초등 공부에 큰 도움이 될 것입니다.

Q 읽기는 하는데, 문제를 이해하지 못하는 것 같아요.

A 읽으면 바로 이해할 수 있는 쉬운 문제들도 있지만, 국어 개념이 바탕이 되어야 풀 수 있거나 보기를 읽고 두 번 세 번 확인해 봐야 답을 찾을 수 있는 독해 문제들도 많습니다. 문제를 이해하지 못한다는 것은 1차적으로는 그 문제를 출제한 의도를 파악하지 못하고 있다는 거고요. 그다음엔 어떻게 답을 찾아야 할지 방법을 모르고 있다는 것입니다. 독해도 일종의 기술이 필요한 공부거든요. 무턱대고 읽고 푼다고 해서 독해력이 생기는 것은 아닙니다. 글을 읽는 방법, 문제를 푸는 방법을 알고 있어야 보다 효과적으로 독해의 산을 넘을 수 있습니다.

Q 어휘력도 중요한 거 같은데, 어떻게 길러야 할까요?

A 어휘력은 독해력을 키우는 무기와 같습니다. 글을 잘 읽다가도 낯선 어휘에서 멈칫하거나 그 뜻을 파악하지 못해서 독해가 안되는 경우가 많거든요. 어휘력 역시 단번에 키우긴 어렵습니다. 그래서 독해 훈련을 통해 어휘력을 키우는 방법을 추천합니다. 글을 읽을 때 낯선 어휘를 만나면 문맥의 의미를 파악하는 연습을 꾸준히 하는 거죠. 그래도 모르는 낱말은 그냥 넘어가지 말고 국어사전을 찾아보는 습관을 들이세요.

Q 시중에 나와 있는 독해력 교재가 너무 많더라고요. 어떤 게 좋은 거죠?

A 단연 『기적의 독해력』을 꼽고 싶습니다만, 시중에 나와 있는 독해력 교재들이 모두 훌륭하더군요. 일단은 아이의 수준에 맞게 선택하는 게 가장 현명할 것입니다. 방법을 잘 몰라서 문제 풀이에 어려움을 겪는 친구들은 독해의 기본기를 다룬 쉬운 교재를, 어느 정도 독해가 가능한 친구들은 다양한 문제를 풀어 볼 수 있는 실전 교재를 선택해 보는 것이 좋습니다. (마침 『기적의 독해력』이 딱 그런 구성을 갖추고 있습니다.)

Q 『기적의 독해력』은 어떻게 바뀌었나요?

A 예비 초등(0학년)을 시작으로 6학년까지 학년별로 2권씩 구성되어 있습니다. 단계와 난이도가 종전보다 세분화되었는데요. 특히 독해 문제 풀이에 어려움을 겪는 친구들을 위해 독해 비법을 강화하여 독해의 기본기를 다진 후에 실전 문제로 실력을 완성시킬 수 있도록 구조화하였습니다.

기본편   실력편

기본편 은 독해의 시작이라 할 수 있는 기본서입니다. 학년별로 16가지의 독해 비법을 담고 있지요. 글의 종류에 따라 읽는 방법과 필수 유형 문제를 효과적으로 푸는 방법을 친절하게 안내하고 있어요.

실력편 은 독해의 완성이라 할 수 있는 실력서입니다. 교과 과정에 맞춘 실전 문제와 최상위 독해로 구성하여 앞서 배운 비법을 그대로 적용하면서 실력을 키울 수 있습니다.

Q 그럼 두 권을 같이 보나요?

A 독해 문제가 익숙하지 않은 친구는 기본편 으로 독해의 기초를 탄탄하게 쌓으면 되고요. 독해 문제가 익숙한 친구는 실력편 으로 단계를 올려서 실전에 대비하는 것도 필요합니다. 1학기는 기본편 으로, 2학기는 실력편 으로 촘촘하게 독해력을 키워 보는 것은 어떨까요?

Q 실력편 의 최상위 독해는 어떤 독해인가요?

A 최상위 독해는 복합 지문과 통합형 문제로 구성된 특별 코너입니다. 일반적인 독해가 단편적인 하나의 글을 읽고, 기본적인 문제를 풀어 가는 것이라면 실력편 5일 차에 수록된 복합 지문은 두 가지 이상의 글을 읽고 문제를 해결해야 하는 난이도가 높은 독해입니다. 같은 주제를 다루고 있는 두 편의 글이나 소재는 다르지만 종류는 같은 두 편의 글을 읽고, 통합 사고력 문제를 해결해야 해서 기존의 독해 문제보다는 조금 어려울 수 있습니다.
쉬운 글과 기본 문제만으로는 실력을 키우기 어렵지요. 자신의 수준보다 약간 어려운 문제도 해결하면서 실력을 월등하게 키워 나가길 바랍니다.

Q 『기적의 독서 논술』과는 어떤 차이가 있나요?

A 독해력이 모든 공부의 시작이라면, 독서 논술은 모든 공부의 완성이라 할 수 있습니다. 독해력이 단편적인 글을 읽고 이해하며 적용해 가는 훈련이라면, 독서 논술은 한 편의 긴 글을 읽고, 자신의 생각을 정리해서 표현해 보는 훈련 과정을 거치기 때문에 두 시리즈 모두 국어 실력 향상에는 꼭 필요한 교재랍니다. 한 학년에 독해력 2권, 독서 논술 2권이면 기본과 실력을 모두 갖추게 될 것입니다.

구성과 특징

01

**하루 4쪽
DAY 학습**

02

실전 독해

문학

비문학

어휘력 강화

03

최상위 독해

복합
지문

통합
사고력
문제

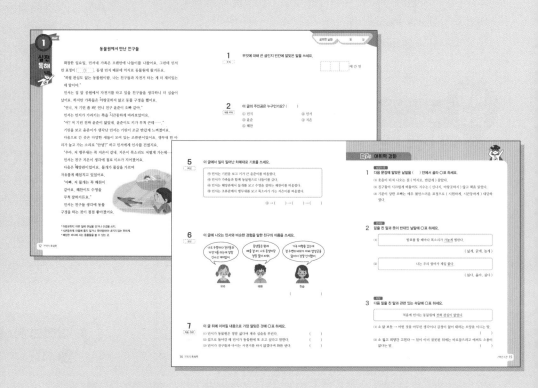

★ 실전 독해

기본편 에서 훈련한 방법을 총망라한 실전 문제집입니다.
하루 4쪽씩 꾸준히 연습하세요.
앞서 배운 비법을 그대로 적용하면서 독해 실력을 쌓아 갑니다.

📖 어휘력 강화

독해에서 어휘는 독해 시간을 단축시키는 열쇠와 같은 역할을 합니다.
지문에서 뽑아낸 주요 어휘의 뜻과 활용, 내용과 밀접한 속담과 사자성어,
관용어까지 다양하게 어휘의 폭을 늘려 갑니다.

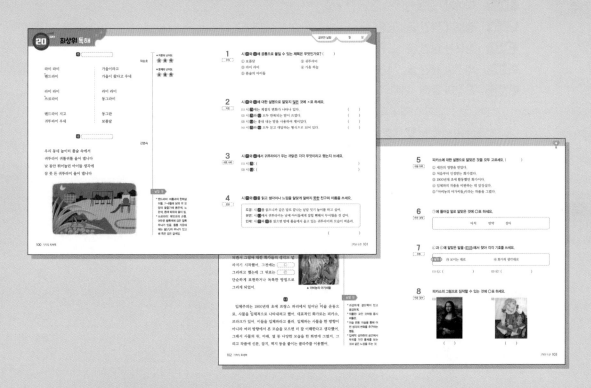

🛡️ 최상위 독해

● 지문의 난이도　　● 문제의 난이도

　상　중　하　　　상　중　하

각 주 5일 차는 최상위 독해로, 글의 수준과 문제의 수준이 높습니다.
그동안 쌓았던 실력을 점검해 보세요.
긴 글, 주제나 소재가 얽힌 복합 지문, 통합 사고력 문제를 통해 독해
력을 한 단계 끌어올립니다.

가로 세로 낱말 퀴즈
한 주 동안 학습한 어휘를 확인할 수 있도록 재미있는 퀴즈로
구성하였습니다.

차례

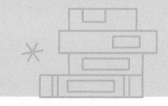

글

12쪽 「동물원에서 만난 친구들」 | 왕입분 | 2021

＊그 외 작품은 한국문학예술저작권협회, 한국문예학술저작권협회의 동의를 얻어 책에 실었습니다.

이미지

96쪽 「마스크로 안 아픈 예방 접종 하세요」 | 한국방송광고진흥공사 | 2015

102쪽 「아비뇽의 아가씨들」 | 피카소 | 뉴욕 현대미술관

103쪽 「모나리자」 | 레오나르도 다빈치 | 루브르박물관 / 「인형을 든 마야」 | 피카소 | 파리 피카소미술관

116쪽 키 | 국립민속박물관

136쪽 「무용총 수박도」 | HELLO PHOTO

＊위에 제시되지 않은 이미지는 사용료를 지불하고 셔터스톡 코리아에서 대여했음을 밝힙니다.

＊길벗스쿨은 이 책에 실린 모든 글과 이미지의 출처를 찾기 위해 최선의 노력을 기울였습니다.
  저작권자를 찾지 못해 허락을 받지 못한 글과 이미지는 저작권자가 확인되는 대로 통상의 사용료를 지불하겠습니다.

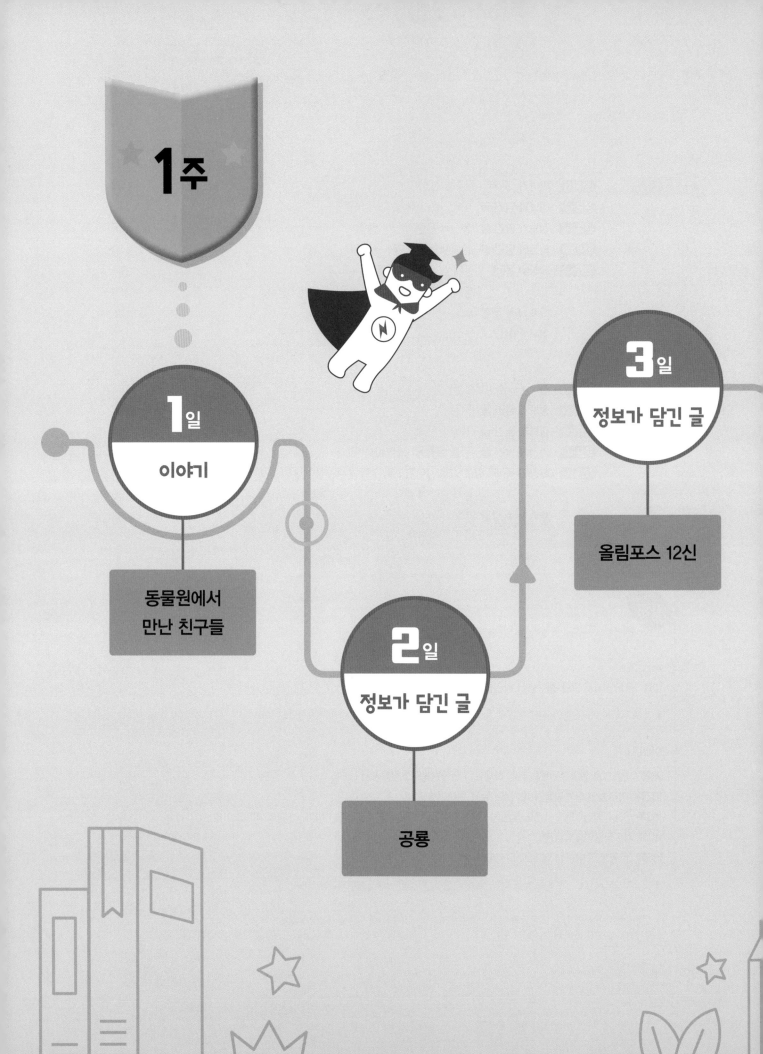

1주

1일
이야기

동물원에서
만난 친구들

2일
정보가 담긴 글

공룡

3일
정보가 담긴 글

올림포스 12신

4일

의견이 담긴 글

책을 제대로
읽자

5일

최상위 독해

• 아빠의 요리
• 푸드 스타일리스트
• 해수욕장 폭죽놀이 사고 소식
• 해수욕장에서 폭죽놀이를 하
 지 말자

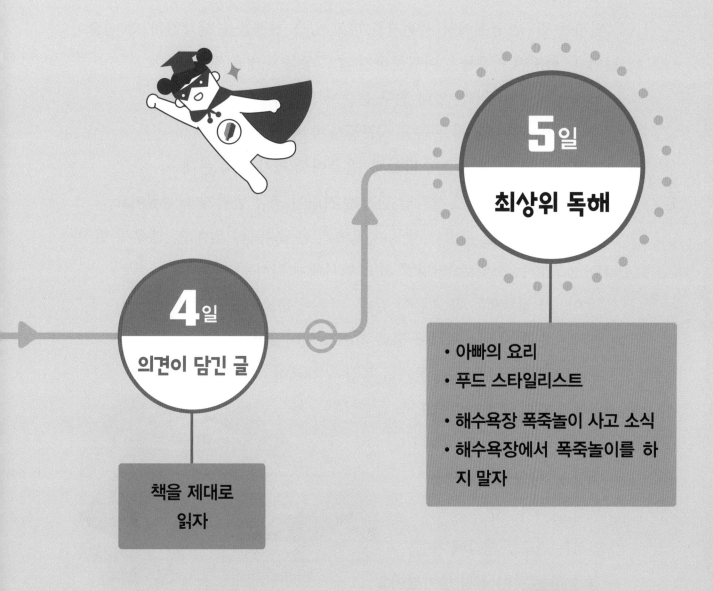

동물원에서 만난 친구들

화창한 일요일, 민서네 가족은 오랜만에 나들이를 나왔어요. 그런데 민서만 표정이 ⃝ㄱ . 동생 민지 때문에 억지로 동물원에 왔거든요.

"하필 관심도 없는 동물원이람. 나는 친구들과 자전거 타는 게 더 재미있는데 말이야."

민서는 집 앞 공원에서 자전거를 타고 있을 친구들을 생각하니 더 심술이 났어요. 하지만 가족들은 *아랑곳하지 않고 동물 구경을 했어요.

"언니, 저 기린 좀 봐! 언니 친구 윤준이 오빠 같아."

민서는 민지가 가리키는 쪽을 *시큰둥하게 바라보았어요.

"어? 저 기린 진짜 윤준이 닮았네. 윤준이도 키가 무척 큰데……."

기린을 보고 윤준이가 생각난 민서는 기린이 조금 반갑게 느껴졌어요.

다음으로 간 곳은 다양한 새들이 모여 있는 조류관이었어요. 앵무새 한 마리가 높고 가는 소리로 "안녕?" 하고 민서에게 인사를 건넸지요.

"우아, 저 앵무새는 꼭 지은이 같네. 지은이 목소리도 저렇게 가는데……."

민서는 친구 지은이 생각에 절로 미소가 지어졌어요.

다음은 *해양관이었어요. 물개가 물살을 가르며 자유롭게 헤엄치고 있었어요.

"아빠, 저 물개는 꼭 해찬이 같아요. 해찬이도 수영을 무척 잘하거든요."

민서는 친구들 생각에 동물 구경을 하는 것이 점점 좋아졌어요.

* 아랑곳하지: 어떤 일에 관심을 갖거나 신경을 쓰지.
* 시큰둥하게: 마음에 들지 않거나 못마땅하여 내키지 않는 듯하게.
* 해양관: 바다에 사는 동물들을 볼 수 있는 곳.

1
주제

무엇에 대해 쓴 글인지 빈칸에 알맞은 말을 쓰세요.

에 간 일

2
내용 이해

이 글의 주인공은 누구인가요? (   )

① 민지   ② 민서

③ 윤준   ④ 지은

⑤ 해찬

3
추론

㉠에 들어갈 말로 알맞은 것에 ○표 하세요.

밝았어요   어두웠어요   다양했어요

4
추론

이 글에서 민서의 마음은 어떻게 변했나요? (   )

① 외로움 → 즐거움   ② 즐거움 → 우울함

③ 반가움 → 심술이 남.   ④ 심술이 남. → 외로움

⑤ 심술이 남. → 즐거움

5

짜임

이 글에서 일이 일어난 차례대로 기호를 쓰세요.

⑦ 민서는 기린을 보고 키가 큰 윤준이를 떠올렸다.

⑭ 민서가 가족들과 함께 동물원으로 나들이를 갔다.

⑮ 민서는 해양관에서 물개를 보고 수영을 잘하는 해찬이를 떠올렸다.

⑯ 민서는 조류관에서 앵무새를 보고 목소리가 가는 지은이를 떠올렸다.

⑭ → (   ) → (   ) → (   )

6

감상

이 글에 나오는 민서와 비슷한 경험을 말한 친구의 이름을 쓰세요.

나도 주말마다 친구들과 자전거를 타는데 정말 신나고 재미있어.

동생들은 원래 떼를 잘 써. 나도 동생이랑 정말 많이 싸워.

가족 여행을 갔는데 절 주변의 바위가 아빠 옆얼굴을 닮아서 정말 신기했어.

유라   태환   한슬

(   )

7

적용·창의

이 글 뒤에 이어질 내용으로 가장 알맞은 것에 ○표 하세요.

(1) 민서가 동물원은 정말 싫다며 계속 심술을 부린다.   (   )

(2) 집으로 돌아갈 때 민서가 동물원에 또 오고 싶다고 말한다.   (   )

(3) 민서가 친구들과 다시는 자전거를 타지 않겠다며 화를 낸다.   (   )

어휘력 강화

낱말의 뜻

1 다음 문장에 알맞은 낱말을 ( ) 안에서 골라 ○표 하세요.

⑴ 웃음이 터져 나오는 걸 (억지로, 반갑게) 참았다.

⑵ 친구들이 시끄럽게 떠들어도 지수는 (신나지, 아랑곳하지) 않고 책을 읽었다.

⑶ 기분이 상한 오빠는 매우 불만스러운 표정으로 (시원하게, 시큰둥하게) 대답하였다.

반대말

2 밑줄 친 말과 뜻이 반대인 낱말에 ○표 하세요.

⑴ | 발표를 할 때마다 목소리가 <u>가늘게</u> 떨린다. |

(넓게, 굵게, 높게)

⑵ | 나는 우리 엄마가 제일 <u>좋다.</u> |

(잃다, 옳다, 싫다)

속담

3 다음 밑줄 친 말과 관련 있는 속담에 ○표 하세요.

| 처음에 민서는 동물원에 <u>전혀 관심이 없었다.</u> |

⑴ 소 닭 보듯 → 어떤 것을 아무런 생각이나 감정이 없이 대하는 모양을 이르는 말.
( )

⑵ 소 잃고 외양간 고친다 → 일이 이미 잘못된 뒤에는 바로잡으려고 애써도 소용이 없다는 말.
( )

1 공룡은 지금으로부터 약 2억 3000만 년 전 지구에 처음 나타났습니다. '무서운 도마뱀'이라는 뜻으로, 약 2억 년 동안이나 지구를 *지배했던 무시무시한 동물입니다.

2 공룡은 생김새나 크기, 먹이, 행동 등에 따라 *구분할 수 있습니다. 머리에 뿔이 있는 공룡과 뿔이 없는 공룡으로 구분하기도 하고, 엉덩이뼈의 모양에 따라 구분하기도 합니다. 또 ㉠식물을 먹는 공룡과 ㉡고기를 먹는 공룡으로 구분하기도 하고, 두 발로 서서 움직이는 공룡과 네 발로 움직이는 공룡으로 구분하기도 합니다.

3 우리가 흔히 초식 공룡과 육식 공룡으로 나누는 것은 공룡을 먹이에 따라 구분한 것입니다. 초식 공룡은 식물을 좋아해서 나뭇잎이나 나무줄기, 열매 등을 먹으며 살았습니다. 대부분 몸집이 크고, 네 발로 천천히 움직였습니다. 육식 공룡은 고기를 좋아해서 다른 공룡이나 동물들을 잡아먹으며 살았습니다. 두 발로 걸었기 때문에 앞발이 자유로워 사냥을 잘할 수 있었습니다.

4 공룡이 살던 시기의 지구는 ㉢일 년 내내 *초여름처럼 따뜻해서 숲이 울창하고 먹을 것이 풍부하였습니다. 그래서 초식 공룡의 몸집이 점점 커졌습니다. 몸길이가 약 25미터, 몸무게가 약 60톤이나 되는 큰 초식 공룡도 있었습니다. 초식 공룡이 늘어나자 초식 공룡을 먹는 육식 공룡의 수도 함께 늘어났습니다. 그래서 오늘날 발견된 *화석을 보면, 공룡은 약 1000종이나 됩니다.

5 지금은 공룡이 모두 사라져서 볼 수 없지만, 여전히 많은 과학자들이 공룡에 대해 연구하고 있습니다. 지금까지 발견되지 않았던 새로운 공룡이 앞으로 계속 발견될 수도 있습니다.

---

* 지배했던: 어떤 사람이나 모임, 사물 등을 자기의 뜻대로 복종하게 하여 다스렸던.
* 구분할: 일정한 기준에 따라 전체를 몇 개로 갈라 나눌.
* 초여름: 여름이 시작되는 시기로, 이른 여름을 뜻함.
* 화석: 아주 옛날에 살았던 동물이나 식물의 뼈, 활동 흔적 등이 땅속에 묻혀 굳어져 지금까지 남아 있는 것.

1
주제

이 글의 중심 글감은 무엇인가요? (　　　)

① 지구　　　　　　　　　② 공룡
③ 식물　　　　　　　　　④ 화석
⑤ 동물

2
추론

다음은 공룡을 무엇에 따라 구분한 것인가요? (　　　)

> 공룡은 머리에 뿔이 있는 공룡과 뿔이 없는 공룡으로 구분할 수 있습니다.

① 크기　　　　　　　　　② 먹이
③ 행동　　　　　　　　　④ 생김새
⑤ 사는 곳

3
내용 이해

㉠, ㉡과 같은 공룡을 무엇이라고 하는지 ❸문단에서 찾아 쓰세요.

(1) ㉠ 식물을 먹는 공룡: (　　　　　　　　)
(2) ㉡ 고기를 먹는 공룡: (　　　　　　　　)

4
어휘·표현

㉢'일 년 내내'의 뜻은 무엇인가요? (　　　)

① 아주 가끔씩　　　　　　② 일정하게 반복되어
③ 일 년 중 어떤 때만　　　④ 계절이 바뀔 때마다
⑤ 일 년 동안 계속해서

5

짜임

❹문단의 주요 내용을 바르게 정리한 것을 찾아 기호를 쓰세요.

> ㉮ 공룡이 살던 시기의 지구는 따뜻했다.
>
> ㉯ 초식 공룡의 몸집이 커졌고, 약 1000종의 공룡 화석이 발견되었다.
>
> ㉰ 공룡이 살던 시기의 지구는 먹을 것이 많아 공룡의 수도 함께 늘어났다.

(   )

6

내용 이해

이 글을 읽고 알게 된 내용을 바르게 정리한 것을 두 가지 고르세요. (   )

① 육식 공룡은 두 발로 걸었다.

② 가장 큰 육식 공룡의 몸길이는 약 25미터이다.

③ 공룡은 약 2억 3000만 년 동안 지구에 살았다.

④ 초식 공룡이 늘어나자 육식 공룡의 수도 늘어났다.

⑤ 공룡이 살던 시기의 지구는 먹을 것이 부족하였다.

7

적용·창의

이 글을 읽고 오른쪽 공룡에 대해 바르게 짐작하여 말한 친구에 ○표 하세요.

(1) **승아:** 두 발로 서서 움직이는 것으로 보아, 육식 공룡인 것을 알 수 있어.   (   )

(2) **채원:** 몸집이 크고 네 발로 다니는 것으로 보아, 초식 공룡인 것을 알 수 있어.   (   )

어휘력 강화

1 다음 문장에 알맞은 낱말을 ( ) 안에서 골라 ○표 하세요.

(1) 비가 많이 와서 물이 (공부하다, 풍부하다).

(2) 옛날에는 해적이 바다를 (지배하였다, 지루하였다).

(3) 이곳은 어른과 아이 (구석, 구분) 없이 이용할 수 있다.

2 밑줄 친 낱말을 맞춤법에 맞게 고쳐 쓰세요.

(1) 책상에 앉아 책을 <u>천천이</u> 읽었다. ( )

(2) 아이스크림을 <u>만이</u> 먹었더니 배가 아팠다. ( )

3 빈칸에 들어갈 속담으로 알맞은 것에 ○표 하세요.

지금도 많은 과학자들이 공룡에 대해 연구하고 있다. "⬛⬛⬛⬛⬛"고 어렵겠지만 열심히 노력하면 공룡에 대해 알지 못했던 새로운 사실을 얻을 수 있을 것이다.

(1) 무쇠도 갈면 바늘 된다 → 꾸준히 노력하면 어려운 일도 이룰 수 있음을 비유적으로 이르는 말. ( )

(2) 믿는 도끼에 발등 찍힌다 → 잘되리라고 믿고 있던 일이 잘되지 않거나 믿고 있던 사람이 배신하여 오히려 해를 입음을 비유적으로 이르는 말. ( )

제우스   헤라   포세이돈   아르테미스   헤르메스   아레스

아프로디테   아폴론   디오니소스   아테나   데메테르   헤파이스토스

올림포스 12신은 그리스 신화에 나오는 열두 명의 신입니다. 그리스에서 제일 높은 산이 올림포스 산인데, 신들은 이곳에서 신의 음식을 먹으며 영원히 살았습니다. 신들은 인간이나 동물 혹은 물체로 모습을 바꿀 수 있는 ㉠특별한 능력을 가졌습니다. 그래서 모습을 바꾸어 인간 세상에 나타나 각자 맡은 일을 했습니다. 올림포스 12신은 누구이며, 각자 무엇을 맡고 있었는지 알아볼까요?

신들 중 최고의 신은 제우스입니다. 제우스는 천둥과 번개로 하늘을 다스렸습니다. 제우스의 형제인 포세이돈은 바다를 다스렸고, 데메테르는 땅을 다스렸습니다. 아폴론은 태양과 음악의 신, 아프로디테는 아름다움의 신, 아테나는 지혜의 신입니다. 또 제우스의 아내 헤라는 결혼의 신이고, 아르테미스는 달과 사냥의 신, 헤르메스는 *전령의 신입니다. 헤파이스토스는 대장장이의 신이고, 아레스는 전쟁의 신이며 디오니소스는 포도주의 신입니다. 올림포스 12신은 늘 회의를 열어 대화하고 *타협하면서 신과 인간의 일들을 신중하게 결정했습니다. ㉡이처럼 세계 여러 나라에는 *저마다 다른 신화가 전해져 내려오고 있습니다.

* 전령: 명령을 전하는 일. 또는 그 명령.
* 타협하면서: 어떤 일을 서로 양보하여 의논하면서.
* 저마다: 각각의 사람이나 사물마다.

1

주제

이 글의 제목으로 알맞은 것은 무엇인가요? (   )

① 신의 음식   ② 그리스 신화

③ 올림포스 산   ④ 올림포스 12신

⑤ 인간과 신의 관계

2

내용 이해

㉠'특별한 능력'은 무엇을 말하나요? (   )

① 각자 담당한 일이 있다.   ② 제일 높은 산에서 산다.

③ 신의 음식을 먹으며 산다.   ④ 신과 인간의 일들을 결정한다.

⑤ 인간이나 동물 혹은 물체로 모습을 바꾼다.

3

내용 이해

다음 신들이 각자 맡고 있는 것은 무엇인지 빈칸에 알맞은 말을 쓰세요.

포세이돈	데메테르
바다	(1) ( )
아테나	아레스
(2) ( )	(3) ( )

4

비판

㉡에 대해 바르게 말한 것을 찾아 기호를 쓰세요.

㉮ ㉡은 글의 내용과 어울리지 않는 내용이므로 빼야 한다.

㉯ ㉡은 그리스 신화와 다른 나라의 신화를 비교하여 설명한 부분으로, 글에서 꼭
　 필요한 내용이다.

(   )

5

어휘·표현

다음 뜻을 가진 낱말을 글에서 찾아 쓰세요.

신이나 신 같은 존재에 대한 신비스러운 이야기.

(   )

6

추론

다음은 이 글을 읽고 주혁이가 말한 내용입니다. 빈칸에 알맞은 말에 ○표 하세요.

(1) 과학적 (   )　　　　　　(2) 소극적 (   )

(3) 민주적 (   )　　　　　　(4) 폭력적 (   )

7

추론

이 글을 읽고, 다음 설명에 해당하는 신은 누구인지 쓰세요.

- 신들 중에서 가장 강력한 신이다.
- 옛날 한 시인이 '번갯불을 던지는 자'라고 표현했다.

(   )

어휘력 강화

낱말의 뜻

1 다음 뜻을 가진 낱말로 알맞은 것에 ◯표 하세요.

(1) | 가장 높음. | (최고, 최신, 최선)

(2) | 각각의 사람이나 사물마다. | (저마다, 해마다, 날마다)

단위를 나타내는 말

2 다음에 해당하는 낱말을 찾아 선으로 이으세요.

(1) 옷을 세는 단위 •   • ㉮ 명

(2) 사람을 세는 단위 •   • ㉯ 장

(3) 종이를 세는 단위 •   • ㉰ 벌

사자성어

교훈이나 유래를 담고 있는 한자 네 자로 이루어진 말이야.

3 다음 밑줄 친 말과 관련 있는 사자성어에 ◯표 하세요.

> 올림포스 12신은 늘 회의를 열어 서로 의견을 주고받으며 신과 인간의 일들을 <u>신중하게 판단하여</u> 결정하였다.

(1) 심사숙고(深思熟考) → 깊이 잘 생각한다는 뜻.   (   )

(2) 금시초문(今始初聞) → 어떤 이야기를 지금 처음으로 들었다는 뜻.   (   )

㉠요즈음 주변에 책을 많이 읽기 위해서 빨리 읽는 친구들이 많다. 책을 많이 읽으면 학교에서 '독서 왕'이 되거나 부모님과 선생님께 칭찬을 받을 수 있기 때문이다. 그래서 마치 달리기 시합을 하듯이 경쟁적으로 책을 빨리 읽으려고 한다. 그러나 책을 빨리 읽는 것보다 중요한 것은 책을 제대로 읽는 것이다. 책을 빨리 읽으면 여러 가지 문제가 생길 수 있다.

첫째, 책을 빨리 읽으면 책의 내용 중에서 빠뜨리고 넘어가는 것이 생긴다. 책을 빨리 읽으려다 보면 대충 훑어보게 되고, 그러면 중요한 것만 보거나 보이는 것만 읽게 되기 때문이다. 책을 읽을 때에는 중심 내용과 *세부 내용을 함께 살펴보며 천천히 읽어야 깊이 있게 이해할 수 있다.

둘째, 책을 빨리 읽으면 책의 내용에 대하여 스스로 생각해 볼 시간이 없다. 책의 내용을 아는 데에만 집중하기 때문에 책의 내용에 *공감하거나 등장인물의 마음을 생각해 볼 시간이 없다. 책을 읽으면서 스스로 생각하지 않는다면 책을 읽는 중요한 *가치를 놓치게 된다.

셋째, 책을 빨리 읽으면 글쓴이가 다듬어 놓은 훌륭한 언어 표현을 제대로 느낄 수 없다. 글쓴이가 ㉡*심혈을 기울여 다듬어 놓은 표현들을 즐기면서 내것으로 만들 여유가 없는 것이다.

한 권의 책을 읽더라도 책의 내용을 깊이 있게 이해하고 공감하며, 언어 표현도 느끼면서 제대로 읽는 것이 중요하다. 우리 모두 책을 빨리 읽어야 한다는 생각을 버리고 책을 제대로 읽기 위해 노력하자.

*세부 내용: 중심 내용을 뒷받침하거나, 예를 들거나 까닭을 들어 자세히 설명하는 내용.
*공감하거나: 다른 사람의 마음이나 생각에 대해 자신도 그렇다고 똑같이 느끼거나.
*가치: 사물이 지니고 있는 쓸모.
*심혈: 마음과 힘을 아울러 이르는 말.

1
주제

글쓴이의 주장을 생각할 때, 이 글의 제목으로 알맞은 것을 찾아 ○표 하세요.

(1) 책을 많이 읽자   (2) 책을 빨리 읽자   (3) 책을 제대로 읽자

(   )   (   )   (   )

2
내용 이해

글쓴이가 말한 문제 상황에 맞게 빈칸에 알맞은 말을 쓰세요.

책을 [ ][ ] 읽기 위해서 [ ][ ] 읽는 것

3
추론

㉠을 통해 짐작할 수 있는 사실에 ○표 하세요.

(1) 사람들이 독서를 중요하게 생각한다.   (   )

(2) 사람들이 책을 읽을 시간이 부족하다.   (   )

(3) 사람들이 칭찬을 별로 중요하게 생각하지 않는다.   (   )

4
짜임

글쓴이가 주장을 뒷받침하기 위해 제시한 것은 무엇인가요? (   )

① 책을 많이 읽으면 좋은 점

② 책을 고를 때에 생각할 점

③ 친구들이 책을 빨리 읽는 까닭

④ 책을 제대로 읽은 사람이 성공한 예

⑤ 책을 빨리 읽을 때 생길 수 있는 문제점

5 어휘·표현 ⓒ'심혈을 기울여'와 바꾸어 쓸 수 있는 말은 무엇인가요? (   )

① 대충
② 우연히
③ 망설이며
④ 쉽고 빠르게
⑤ 최선을 다해서

6 비판 이 글을 읽고 자신의 생각과 그렇게 생각하는 까닭을 알맞게 말하지 <u>못한</u> 친구의 이름을 쓰세요.

> 마리: 책을 빨리 읽으면 내용을 제대로 이해하기 힘들어. 그러니까 책을 빨리 읽으려고 하지 말고 제대로 읽어야 해.
>
> 현재: 책을 빨리 읽으면 책을 많이 읽게 되고 그만큼 지식도 많이 얻을 수 있어. 그래서 책을 천천히 제대로 읽어야 한다고 생각해.

(   )

7 적용·창의 이 글에 나타난 방법대로 책을 제대로 읽은 친구는 누구인지 ○표 하세요.

(1) 중심 문장만 찾으며 읽었어.

(   )

(2) 책의 내용을 아는 데에만 집중하며 읽었어.

(   )

(3) 마음에 드는 표현이 있어서 내용을 생각하며 읽었어.

(   )

어휘력 강화

낱말의 뜻

1 빈칸에 알맞은 낱말을 〇보기〇에서 찾아 쓰세요.

> 〇 보기 〇   공감   세부   경쟁적

(1) 동네에 비슷한 가게가 (   )으로 생겨났다.

(2) 일을 망치지 않으려면 (   ) 계획도 꼼꼼하게 짜야 한다.

(3) 동생의 말에 (   )이 되어서 동생의 뜻대로 하라고 말했다.

헷갈리기 쉬운 말

2 빈칸에 알맞은 낱말을 찾아 선으로 이으세요.

(1) 욕심을 [   ] 감사하며 지내자.   •

   • ㉮ 버리고

(2) 잔치를 [   ] 있는 곳으로 갔다.   •

   • ㉯ 벌이고

사자성어

3 다음 내용과 관련 있는 사자성어에 〇표 하세요.

> 책을 빨리 읽기 위해서 대충 훑어본다.

(1) 상부상조(相扶相助) → 서로서로 돕는다는 뜻.   (   )

(2) 주마간산(走馬看山) → 말을 타고 달리며 산과 강을 구경한다는 뜻으로, 자세히 살피지 아니하고 대충대충 보고 지나감을 이르는 말.   (   )

● 지문의 난이도
상 **중** 하

● 문제의 난이도
상 **중** 하

가

"효정아, 부침개 먹자!"

아빠는 오랜만에 하는 요리에 신이 나셨지만 나는 아빠의 요리 실력을 알기 때문에 별 기대 없이 식탁으로 갔어요.

"아빠, 오늘도 부침개 모양은 별로네요. 그리고 보기 좋게 담으면 좋겠어요. '⟨ ㉠ ⟩'(이)라는 말도 있잖아요."

아빠가 *멋쩍게 웃으며 말씀하셨어요.

"그게 뭐가 중요해! 맛만 좋으면 되지."

그때 엄마가 한마디 거드셨어요.

"여보, 내 직업이 푸드 스타일리스트인 거 잊었어요? 음식은 맛도 중요하지만 멋도 중요하다고요!"

나

음식 관련 영상을 보다가 나도 모르게 침을 삼킨 적 있지 않나요? 음식의 모양과 색 등을 보기 좋게 꾸며 놓아서 음식이 더 맛있어 보인 거예요. 그런 일을 하는 사람이 바로 푸드 스타일리스트예요.

푸드 스타일리스트는 그릇이나 *소품, 테이블 등을 이용해 음식을 *목적에 맞게 꾸미는 직업이에요. 영화, 드라마, 광고 등에 내보낼 음식 관련 장면을 꾸미기도 하고, 레스토랑의 새로운 메뉴를 개발하는 일을 하기도 해요.

푸드 스타일리스트는 음식이 조금이라도 더 *맛깔스럽게 보이도록 하기 위해 노력해요. 핀셋으로 음식에 통깨를 하나하나 올리기도 하고, 밥에 *윤기를 더하려고 면봉으로 밥알에 *일일이 오일을 바르기도 하지요.

▶ 낱말 뜻

* 멋쩍게: 어색하고 쑥스럽게.
* 소품: 작은 가구나 장식품.
* 목적: 이루려고 하는 일이나 나아가고자 하는 방향.
* 맛깔스럽게: 입에 당길 만큼 음식의 맛이 있게.
* 윤기: 반질반질하고 매끄러운 기운.
* 일일이: 하나씩 하나씩.

1 내용 이해
글 **가**에 나오는 엄마는 어떤 일을 하는 사람인지 글 **나**에서 찾아 쓰세요.

☐☐ 을 목적에 맞게 꾸미는 푸드 스타일리스트이다.

2 어휘·표현
㉠에 들어갈 속담으로 알맞은 것은 무엇인가요? (   )

① 시장이 반찬   ② 수박 겉 핥기

③ 누워서 떡 먹기   ④ 금강산도 식후경

⑤ 보기 좋은 떡이 먹기도 좋다

3 감상
다음은 글 **가**를 읽고 자신의 생각을 말한 것입니다. 말한 내용이 알맞지 **못한** 친구의 이름을 쓰세요.

내가 아빠라면 효정이의 반응에 서운했을 것 같아.

민재

효정이가 엄마처럼 부지런한 어른이 됐으면 좋겠어.

한슬

아빠는 음식의 멋보다 맛을 더 중요하게 생각하시는 것 같아.

도훈

(   )

4 적용·창의
글 **나**를 읽고 푸드 스타일리스트가 하는 일로 알맞지 **않은** 것의 기호를 쓰세요.

㉮ 음식이 놓인 테이블 주변에 어울리는 소품을 놓기도 한다.

㉯ 사람들이 음식을 먹고 싶어 하도록 맛있게 먹는 일을 한다.

㉰ 음식의 특징에 맞게 어울리는 그릇을 고르고 음식을 맛있게 보이도록 한다.

(   )

가

지난 4일 부산 ○○ 해수욕장에서는 한 *피서객이 폭죽 *파편을 맞아 눈을 다치는 사고가 발생했다. 해마다 위험한 폭죽놀이가 *무분별하게 계속되고 있어 화재와 *화상을 입는 위험도 높아지고 있다.

ㄱ)해수욕장에서 폭죽을 터뜨리는 것은 2014년부터 법으로 금지하고 있다. *위반하면 10만원 이하의 벌금을 내야 한다. 하지만 폭죽놀이가 불법이라는 사실을 알지 못하는 사람이 많고, 단속도 제대로 이루어지지 않고 있다. 게다가 해수욕장 주변 편의점에서 폭죽을 쉽게 살 수 있어서 폭죽놀이 사고는 여전히 줄지 않고 있다.

나

여름철 해수욕장에서는 폭죽놀이를 하는 사람들을 종종 볼 수 있어요. 팡팡 터지는 폭죽을 보면 즐겁기도 하고 낭만적이기도 하지요. 하지만 해수욕장에서 폭죽놀이를 하면 안 돼요.

『ㄴ)해수욕장에서 폭죽놀이를 하면 다른 사람에게 큰 불편을 줄 수 있어요. 시끄러운 소리와 연기, 화약 냄새는 조용히 쉬고 싶은 사람들의 휴식을 방해해요. 특히 밤늦은 시간에 하는 폭죽놀이는 주변 숙소에 *묵는 사람들의 잠을 방해하기도 해요.

ㄷ)폭죽놀이는 안전사고를 일으키기도 해요. 폭죽 파편 때문에 다치거나 화상을 입을 수도 있어요. 또 폭죽놀이 후 버려지는 철심과 폭죽으로 인해 피서객들이 다치기도 해요.

ㄹ)무엇보다 해수욕장에서 폭죽을 터뜨리는 것은 법으로도 금지하고 있어요. 』

해수욕장에서 폭죽놀이를 하는 것은 다른 사람에게 불편과 위험을 줄 수 있으므로 하면 안 돼요.

● 지문의 난이도
상 중 하

● 문제의 난이도
상 중 하

낱말 뜻

*피서객: 더위를 피하여 시원한 곳으로 와 즐기는 사람.
*파편: 깨어지거나 부서진 조각.
*무분별하게: 바른 판단이나 생각이 없게.
*화상: 살갗이 불이나 뜨거운 것에 데어서 생긴 상처.
*위반하면: 법, 명령, 약속 따위를 지키지 않고 어기면.
*불법: 법에 어긋남.
*단속: 규칙이나 법, 명령 따위를 지키도록 통제함.
*묵는: 일정한 곳에서 손님으로 머무르는.

5

주제

글 **가**와 **나**의 글쓴이가 공통적으로 갖고 있는 생각은 무엇인가요? (   )

① 폭죽을 안전하게 만들어야 한다.

② 해수욕장은 휴식 장소로 좋지 않다.

③ 밤늦게까지 해수욕장에서 놀면 안 된다.

④ 해수욕장에서 폭죽놀이를 하면 안 된다.

⑤ 폭죽놀이를 하고 쓰레기를 정리해야 한다.

6

짜임

글 **나**의 『 』부분은 무엇을 자세히 설명한 것인지 알맞은 것에 ○표 하세요.

(1) 사람들이 해수욕장에서 폭죽놀이를 하는 까닭	(2) 해수욕장에서 폭죽놀이를 하면 안 되는 까닭	(3) 해수욕장에서 안전하게 폭죽놀이를 하는 방법
( )	( )	( )

7

추론

㉠은 ㉡~㉣ 중에서 무엇을 이해하는 데 가장 도움이 되는 내용인지 알맞은 것의 기호를 쓰세요.

(   )

8

비판

다음은 글 **나**를 읽고 자신의 생각을 말한 것입니다. 빈칸에 알맞은 말에 ○표 하세요.

나도 글쓴이와 생각이 같아.

(1) 해수욕장에서 폭죽놀이를 하면 즐겁고 낭만적이거든.   (   )

(2) 해수욕장에서 폭죽놀이를 한 다음에는 쓰레기를 치우면 좋겠어.   (   )

(3) 해수욕장에서 폭죽놀이를 하면 버려진 쓰레기로 환경 오염 문제가 생겨.   (   )

	❶				
❷					
				❻	
	❸	❹			
		❺			

가로 →

❶ 여름이 시작되는 시기로, 이른 여름을 뜻하는 말.

❷ 밥이나 국 등과 같이 사람이 식사를 하는 때 먹는 것을 통틀어 이르는 말.
  예 ○○은 맛도 중요하지만 멋도 중요하다.

❸ 반질반질하고 매끄러운 기운.
  예 갓 지은 밥에서 ○○가 흐른다.

❺ 쇠를 불로 뜨겁게 하여 연장이나 기구를 만드는 일을 하는 사람.

세로 ↓

❶ 주로 풀이나 채소, 나물만 먹고 삶. 또는 그 풀이나 채소, 나물.
  예 ○○ 공룡과 육식 공룡이 있다.

❷ 목소리나 악기로 박자와 가락이 있게 소리 내어 생각이나 감정을 표현하는 예술.

❹ 어떤 일이 원하는 대로 이루어지기를 바라면서 기다림.

❻ 사람들이 바닷물에서 헤엄치고 놀 수 있도록 시설을 갖춘 바닷가.

정답 및 해설 16쪽에서 확인하세요.

빈칸에 들어갈 퍼즐 조각을 찾아보세요.

1

2

3

4

5

정답 및 해설 16쪽에서 확인하세요.

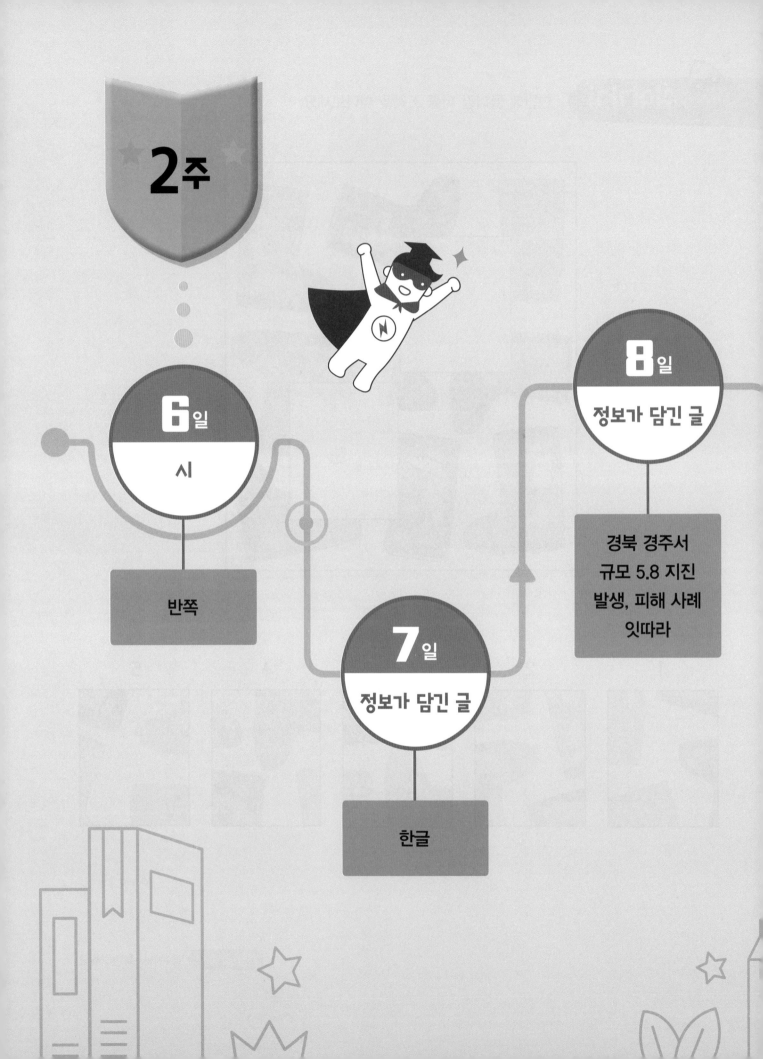

2주

6일

시

반쪽

7일

정보가 담긴 글

한글

8일

정보가 담긴 글

경북 경주서
규모 5.8 지진
발생, 피해 사례
잇따라

10일

최상위 독해

9일

의견이 담긴 글

- 유리컵 실로폰
- 멜로디 도로

- 가난한 선비와 마음 착한 도둑
- 최영 장군

대중교통 자리
양보는 강요가
아니라 배려

┌─────────────────────────────┐
│   ㉠   │
└─────────────────────────────┘

권영상

네가 주는
밤 한 *톨의
반쪽

네 마음의 *절반이
내게로 온다.

네게로 *건네는
사과 한 알의
반쪽

내 마음의 절반이
네게로 간다.

*톨: 밤이나 곡식의 낱알을 세는 단위.
*절반: 하나를 반으로 가름. 또는 그렇게 가른 반.
*건네는: 돈이나 물건 따위를 남에게 옮기는.

1

주제

㉠에 들어갈 이 시의 제목으로 알맞은 것을 찾아 ○표 하세요.

반쪽   밤 한 톨   사과 한 알

2

짜임

이 시에 대한 설명으로 알맞은 것은 무엇인가요? (   )

① 흉내 내는 말을 사용하였다.

② 5연 10행으로 이루어져 있다.

③ 인물의 마음 변화가 잘 나타난다.

④ 밤과 사과를 사람처럼 표현하였다.

⑤ 1연과 3연, 2연과 4연이 비슷하게 반복된다.

3

추론

밤과 사과를 주고받는 행동에 어떤 뜻이 담겨 있는지 빈칸에 알맞은 말을 시에서 찾아 쓰세요.

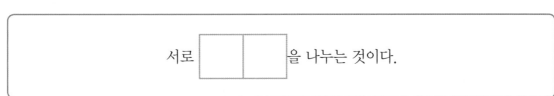

서로 ⬚⬚ 을 나누는 것이다.

4

어휘·표현

이 시에서 반복되는 말을 모두 고르세요. (   )

① 네가   ② 반쪽

③ 간다   ④ 마음의

⑤ 절반이

5 추론 이 시의 분위기는 어떠한가요? (　　　)

① 슬프다.　　　　　　　　　② 따뜻하다.

③ 지루하다.　　　　　　　　④ 답답하다.

⑤ 시끄럽다.

6 감상 이 시를 읽고 비슷한 경험을 떠올려 말한 친구는 누구인지 쓰세요.

채운: 어제 과수원에 가서 사과를 땄어.

태강: 밤을 쪄서 먹었는데 무척 맛있었어.

다혜: 친구에게 아끼는 수첩을 주었더니 친구가 좋아했어.

예서: 친구에게 가방을 들어 달라고 부탁한 적이 있어.

(　　　　　　　　　　　　　)

7 감상 이 시를 읽고 떠오르는 생각이나 느낌을 쓰세요.

_____

_____

📖 어휘력 강화

낱말의 뜻

1 다음 문장에 알맞은 낱말을 (   ) 안에서 골라 ○표 하세요.

(1) 짝이 몰래 나에게 편지를 (건넸다, 건넜다).

(2) 동생에게 주려고 빵의 (절반, 중반)을 남겨 두었다.

반대말

2 밑줄 친 말과 뜻이 반대인 낱말에 ○표 하세요.

(1)
> 친구에게 생일 선물을 <u>주었다</u>.

(받았다, 팔았다, 드렸다)

(2)
> 어제 누나 친구가 우리 집에 <u>왔다</u>.

(샀다, 갔다, 뛰었다)

사자성어

3 다음 모습을 보고 떠오르는 사자성어에 ○표 하세요.

> 나와 정민이는 어렸을 때부터 작은 것도 나눠 먹으며 친하게 지냈다.

(1) 막상막하(莫上莫下) → 누가 더 낫고 더 못함의 차이가 거의 없음을 뜻하는 말.
(   )

(2) 죽마고우(竹馬故友) → 어릴 때부터 같이 놀며 자란 가까운 친구 사이를 뜻하는 말.
(   )

1 한글은 우리가 쓰고 있는 글자의 이름이다. 1443년, 세종 대왕이 집현전 학자들과 함께 처음 한글을 만들었을 때의 이름은 '훈민정음'이었다. '훈민정음'은 '백성을 가르치는 바른 소리'라는 뜻이다.

2 세종 대왕이 나라를 다스리던 시절에는 우리 고유의 글자가 없었기 때문에 중국의 글자인 한자를 빌려 썼다. 하지만 한자는 어려웠기 때문에 일반 백성들은 배우기 힘들었고, 일부 양반들만 배워서 사용할 수 있었다. 그래서 백성들은 억울한 일을 당해도 글자를 몰라 억울함을 *호소할 방법이 없었다. 세종 대왕은 백성들의 ㉠이러한 사정을 매우 안타깝게 여겨 백성들이 쉽게 배워서 쓸 수 있는 한글을 만들었다.

3 한글은 자음 14자와 모음 10자로 이루어져 있다. 자음자와 모음자를 결합해서 글자를 적는데, 자음자와 모음자로 이루어진 글자의 아랫부분에 자음자를 덧붙여 받침이 있는 글자를 만들기도 한다. 한글은 자음 14자와 모음 10자를 *조합하여 수없이 많은 글자를 만들 수 있는 ⟨ ㉡ ⟩ 문자이다.

〈기본 음절표〉

모음\자음	ㅏ (아)	ㅑ (야)	ㅓ (어)	ㅕ (여)	ㅗ (오)	ㅛ (요)	ㅜ (우)	ㅠ (유)	ㅡ (으)	ㅣ (이)
ㄱ(기역)	가	갸	거	겨	고	교	구	규	그	기
ㄴ(니은)	나	냐	너	녀	노	뇨	누	뉴	느	니
ㄷ(디귿)	다	댜	더	뎌	도	됴	두	듀	드	디
ㄹ(리을)	라	랴	러	려	로	료	루	류	르	리
ㅁ(미음)	마	먀	머	며	모	묘	무	뮤	므	미
ㅂ(비읍)	바	뱌	버	벼	보	뵤	부	뷰	브	비
ㅅ(시옷)	사	샤	서	셔	소	쇼	수	슈	스	시
ㅇ(이응)	아	야	어	여	오	요	우	유	으	이
ㅈ(지읒)	자	쟈	저	져	조	죠	주	쥬	즈	지
ㅊ(치읓)	차	챠	처	쳐	초	쵸	추	츄	츠	치
ㅋ(키읔)	카	캬	커	켜	코	쿄	쿠	큐	크	키
ㅌ(티읕)	타	탸	터	텨	토	툐	투	튜	트	티
ㅍ(피읖)	파	퍄	퍼	펴	포	표	푸	퓨	프	피
ㅎ(히읗)	하	햐	허	혀	호	효	후	휴	흐	히

* 호소할: 억울하거나 딱한 사정을 남에게 간절히 알릴.
* 조합하여: 여럿을 한데 모아 한 덩어리로 짜.

1 세종 대왕이 처음 한글을 만들었을 때의 이름은 무엇인지 글에서 찾아 쓰세요.

내용 이해

2 ❷문단은 무엇에 대해 설명한 것인가요? (　　　　)

짜임

① 훈민정음의 뜻　　　　　　　② 세종 대왕의 일생
③ 한자의 편리한 점　　　　　　④ 한글의 발전 과정
⑤ 세종 대왕이 한글을 만든 까닭

3 ㉠'이러한 사정'에 해당하는 내용을 찾아 기호를 쓰세요.

내용 이해

> ㉮ 억울한 일을 자주 당하는 것
> ㉯ 일을 하느라 글자를 배울 시간이 없는 것
> ㉰ 글자를 몰라 억울함을 호소할 방법이 없는 것

(　　　　　　　　)

4 ㉡에 들어갈 알맞은 낱말은 무엇인가요? (　　　　)

추론

① 편리한　　　　　　　　　② 어려운
③ 복잡한　　　　　　　　　④ 이상한
⑤ 까다로운

5
짜임

❸문단에 덧붙이면 좋을 내용으로 알맞은 것의 기호를 쓰세요.

> ㉮ 24개의 낱자만으로 우리말 모두를 나타낼 수 있는 한글은 과학적이고 훌륭한 글자이다.
>
> ㉯ 세종 대왕은 말소리를 연구한 책을 구해 읽으며 백성들이 쉽게 배워서 쓸 수 있는 글자를 만들기 위해 노력했다.

(   )

6
추론

다음은 글자를 만드는 방법입니다. 40쪽 〈기본 음절표〉를 참고하여 (   ) 안에서 알맞은 말을 골라 ○표 하세요.

(1) 모음자 'ㅏ, ㅑ, ㅓ, ㅕ, ㅣ'는 자음자의 (왼쪽, 오른쪽)에 써서 글자를 만든다.
(2) 모음자 'ㅗ, ㅛ, ㅜ, ㅠ, ㅡ'는 자음자의 (위쪽, 아래쪽)에 써서 글자를 만든다.

7
적용·창의

이 글과 다음 그림을 보고, 한글을 배운 백성들의 생활은 어떻게 변했을지 쓰세요.

한글을 배우니 생활이 편리하구나.

여자들도 글을 읽을 수 있어 기뻐요.

어휘력 강화

낱말의 뜻

1 빈칸에 알맞은 낱말을 ◦보기◦에서 찾아 쓰세요.

> ◦ 보기 ◦   호소   고유   조합

(1) 한복은 우리나라 (   )의 옷이다.

(2) 아저씨는 경찰을 불러 달라고 (   )하였다.

(3) 여러 개의 부품을 (   )하여 자전거를 만든다.

조사

2 빈칸에 공통으로 들어갈 말로 알맞은 것은 무엇인가요? (   )

> • 나는 목이 말라서 물 □ 마셨다.   • 나는 짝이 빌려준 책 □ 읽었다.

① 로   ② 가   ③ 을

④ 이   ⑤ 와

속담

3 다음 내용과 관련 있는 속담에 ○표 하세요.

> 세종 대왕은 한글을 연구하느라 눈이 점점 안 좋아졌지만 그래도 열심히 연구하
> 여 마침내 '훈민정음' 28자를 완성했다.

(1) 갈수록 태산 → 갈수록 더욱 어려운 상황에 놓이게 되는 경우를 비유적으로 이르
는 말.   (   )

(2) 고생 끝에 낙이 온다 → 어려운 일이나 괴롭고 힘든 일을 겪은 뒤에는 반드시 즐
겁고 좋은 일이 생기는 것을 뜻하는 말.   (   )

경북 경주서 규모 5.8 지진 발생, 피해 *사례 *잇따라

　　2016년 9월 12일 경주에서 발생한 지진으로 여러 피해 사례와 이로 인한 *후유증을 겪는 사람들이 늘고 있다.

　　기상청에 따르면, 오후 7시 44분 규모 5.1의 1차 지진이 발생했다. 이어 오후 8시 32분 규모 5.8의 2차 지진이 발생했다. *진원지는 경북 경주시 남남서쪽 8킬로미터 지점이다.

　　지진 피해를 겪은 사람들은 소셜 네트워크 서비스(SNS)에 피해 사진들을 올리고 있다. 경주에 사는 김 모 씨는 "지진으로 건물이 흔들려 무서웠는데, 흔들림이 멈춘 뒤에도 어지러워서 한참 동안 ㉠일어나지 못했다. 지금도 흔들리는 것 같은 느낌이 들어 무섭다."라고 말했다. 경주와 가까운 울산에 사는 박 모 씨는 "통화도 안 되고 인터넷도 연결되지 않았다. 선반에서 물건이 떨어졌다."라고 말했다.

　　경주와 멀리 떨어진 서울과 경기도 지역에서도 지진이 *감지되었다. 서울에 사는 정 모 씨는 "회사에서 일을 하고 있었는데 갑작스럽게 흔들림이 느껴져서 사람들이 너무 놀랐고 소리를 지르며 계단으로 대피하기도 했다."라고 말했다.

　　전문가들은 "지진이 발생하면 가방이나 방석, 베개로 머리를 보호하면서 계단을 이용하여 건물 바깥으로 빨리 대피해야 한다. 그리고 ㉡바깥으로 나오면 주변 운동장이나 공원으로 가야 한다."라고 말했다.

○○ 신문, △△△ 기자

---

* 사례: 어떤 일이 전에 실제로 일어난 예.

* 잇따라: 어떤 사건이나 행동 등이 이어서 생겨나.

* 후유증: 어떤 일을 치르고 난 뒤에 생긴 부작용.

* 진원지: 가장 먼저 지진이나 폭발로 인해 생겨서 퍼져 나가는 진동이 일어난 지점.

* 감지되었다: 느끼어 알게 되었다.

1

짜임

이 기사문의 주요 내용으로 알맞은 것의 기호를 쓰세요.

> ㉮ 경북 경주에서 두 차례에 걸쳐 지진이 발생하였고, 진원지는 경주시 남남서쪽 8킬로미터 지점이다.
>
> ㉯ 2016년 9월 12일 경주에서 발생한 지진으로 여러 피해 사례와 이로 인한 후유증을 겪는 사람들이 늘고 있다.

(　　　　　　　)

2

내용 이해

경주에서 발생한 지진의 상황에 맞게 빈칸에 알맞은 말을 쓰세요.

	발생 시간	규모
1차 지진	(1)	(2)
2차 지진	(3)	(4)

3

내용 이해

사람들이 지진 피해 사례로 말하지 <u>않은</u> 것은 무엇인가요? (　　　)

① 건물이 무너졌다.

② 통화가 안 되었다.

③ 인터넷이 연결되지 않았다.

④ 선반에서 물건이 떨어졌다.

⑤ 흔들림이 멈춘 뒤에도 어지러워 한참 동안 일어나지 못했다.

4

어휘·표현

㉠'일어나지 못했다.'의 뜻으로 알맞은 것에 ○표 하세요.

(1) 일어나기 싫어서 일어나지 않았다.　　　　　　　　　　　　　　　(　　　)

(2) 일어나고 싶었지만 일어날 수 없었다.　　　　　　　　　　　　　　(　　　)

5

추론

전문가들이 ⓒ과 같이 말한 까닭은 무엇일까요? (　　　　)

① 텐트를 치고 잘 수 있기 때문에

② 지진이 발생하지 않는 곳이기 때문에

③ 낯선 사람들이 많이 모일 수 있기 때문에

④ 무너질 만한 건물이 없는 곳이 안전하기 때문에

⑤ 얼마나 땅이 흔들리는지 잘 살펴볼 수 있기 때문에

6

짜임

이 기사문을 읽고 알 수 있는 사실은 무엇인가요? (　　　　)

① 경주의 건물　　　　　　　　　② 공원의 종류

③ 지진 대피 방법　　　　　　　　④ 기상청에서 하는 일

⑤ 소셜 네트워크 서비스의 장점

7

적용·창의

다음은 지진이 발생하여 대피하는 모습을 나타낸 것입니다. 바르게 대피한 친구의 이름을 쓰세요.

(　　　　　　　　　)

낱말의 뜻

1 다음 문장에 알맞은 낱말을 (   ) 안에서 골라 ◯표 하세요.

⑴ 건물에 화재 (감격, 감지) 시설을 늘려야 한다.

⑵ (사례, 사고)를 들어 설명하면 이해하기가 더 쉽다.

⑶ 추석 연휴 동안 교통사고 소식이 (잇따라, 뒤따라) 들려왔다.

비슷한말

2 밑줄 친 말과 뜻이 비슷한 낱말에 ◯표 하세요.

⑴
> 사건이 발생한 것은 저녁때였다.

(일어난, 사라진, 들어간)

⑵
> 갑자기 시계가 멈추었다.

(멎었다, 끊어졌다, 그만두었다)

관용어 ↱ 둘 이상의 낱말이 어울려 원래의 뜻과는 전혀 다른 새로운 뜻으로 굳어져서 쓰이는 표현을 말해.

3 빈칸에 들어갈 관용어로 알맞은 것에 ◯표 하세요.

> 전문가들은 지진이 발생하면 머리를 보호하면서 주변 운동장이나 공원으로 대피해야 한다고 ＿＿＿＿＿.

⑴ 입을 모았다 → 모두 똑같이 말했다는 뜻. (   )

⑵ 입을 막았다 → 듣기 싫은 말이나 자기에게 불리한 말을 하지 못하게 했다는 뜻.

(   )

⑶ 입을 다물었다 → 하던 말을 그치거나 비밀을 지키기 위해 말을 하지 않았다는 뜻. (   )

1 어제 형과 할머니 댁에 가기 위해 지하철을 탔습니다. 저와 형은 나란히 자리에 앉았습니다. 그런데 몇 정거장을 지났을 때였습니다. 할아버지 한 분이 지하철을 타셨는데 갑자기 우리에게 자리에서 일어나라고 소리치셨습니다. 지하철에 앉은 사람들이 모두 우리를 쳐다보았고, 형은 무척 창피해하며 자리에서 일어나 할아버지께 자리를 양보해 드렸습니다. 하지만 저와 형은 기분이 좋지 않았습니다. 버스나 지하철을 이용할 때면 이와 같은 일을 겪는 경우가 종종 있습니다. 무조건 자리 양보를 *강요하시는 어르신들 때문에 사람들의 기분이 상하거나 심한 경우 싸움까지 일어나기도 합니다.

2 ⟮ ㉠ ⟯. 왜냐하면 자리를 양보하는 행동은 누가 시키거나 강요해서 하는 것이 아니라 어른을 *공경하는 마음에서 스스로 하는 행동이라고 생각하기 때문입니다.

3 또한 나이가 많은 어르신들도 *배려해야 하지만 또 다른 *사회적 *약자도 배려해야 하기 때문입니다. 대중교통을 이용하는 사람들 중에는 저와 형 같은 어린이나 임산부, 장애인도 나이가 많은 어르신들처럼 사회적으로 보호받아야 하는 약자입니다. 그러므로 나이가 어리거나 젊다고 당연히 자리 양보를 요구해도 되는 것이 아니라 상대방이 처한 처지나 상황을 먼저 생각하고 서로가 서로를 배려해야 합니다.

4 대중교통을 이용하면서 어르신들께 자리를 양보하는 것이 맞지만 그것을 강요해서는 안 됩니다. 내가 소중한 만큼 상대방의 입장도 생각해야 하며, 마음에서 우러나는 배려를 할 때 비로소 아름다운 양보가 될 것입니다.

* 강요하시는: 어떤 일을 강제로 요구하시는.
* 공경하는: 공손히 받들어 모시는.
* 배려해야: 도와주거나 보살펴 주려고 마음을 써야.
* 사회적: 사회에 관계되거나 사회성을 지닌 것.
* 약자: 힘이나 세력이 약한 사람이나 생물. 또는 그런 집단.

1

짜임

❶~❹문단 중 글쓴이가 생각하는 문제 상황이 잘 드러난 부분의 번호를 쓰세요.

(   )

2

주제

㉠에 들어갈 제안하는 내용으로 알맞은 것은 무엇인가요? (   )

① 어른을 공경했으면 좋겠습니다

② 대중교통을 이용했으면 좋겠습니다

③ 사회적 약자를 보호했으면 좋겠습니다

④ 나이가 많은 어른부터 자리에 앉았으면 좋겠습니다

⑤ 어르신들께 자리를 양보하는 것은 맞지만 강요하지 말았으면 좋겠습니다

3

내용 이해

다음은 글쓴이가 말한 제안하는 까닭을 정리한 것입니다. 빈칸에 알맞은 말을 쓰세요.

⑴ 자리 양보는 어른을 공경하는 마음에서 ☐☐☐ 하는 행동이기 때문

이다.

⑵ 나이가 많은 어르신들도 배려해야 하지만 또 다른 사회적 ☐☐ 도 배려해

야 하기 때문이다.

4

내용 이해

사회적 약자에 해당되지 <u>않는</u> 사람은 누구인가요? (   )

① 장애인   ② 임산부

③ 어린이   ④ 젊은 사람들

⑤ 나이가 많은 어르신들

5 두 낱말의 관계가 ◦보기◦와 같은 것은 무엇인가요? (   )

◦ 보기 ◦   가족 – 형

① 강요 – 양보   ② 요구 – 배려
③ 어른 – 어린이   ④ 장애인 – 임산부
⑤ 대중교통 – 지하철

6 이 글을 읽고 채운이가 자신의 생각을 말하였습니다. 채운이의 생각을 뒷받침할 내용
으로 알맞은 것에 ○표 하세요.

나는 대중교통을 이용할 때 나이가
많은 어르신들께는 무조건 자리를
양보해야 한다고 생각해.

채운

(1) 대중교통은 나이가 많은 어르신들만 이용하기 때문이야.   (   )
(2) 버스나 지하철에 마련된 노약자석에 앉으시면 되기 때문이야.   (   )
(3) 몸이 약하고 힘없는 어르신들이 서 계시다가 다칠 수도 있기 때문이야.   (   )

7 이 글에 덧붙이기에 알맞은 자료의 기호를 쓰세요.

㉮ 전국의 대중교통 요금을 조사한 표
㉯ 만 65세 이상 되는 사람은 무료로 지하철을 이용할 수 있다는 내용의 신문 기사
㉰ 대중교통을 이용할 때 나이가 많은 어르신들이 자리 양보를 강요해 기분이 상
   했던 적이 있는지를 알아본 설문 조사

(   )

어휘력 강화

낱말의 뜻

1 다음 문장에 알맞은 낱말을 ( ) 안에서 골라 ○표 하세요.

(1) 부모님을 (공경, 공개)하고 존경해야 한다.

(2) 어려운 사람들을 (배려, 지배)하는 마음을 가져야 한다.

(3) 엄마의 (강요, 중요)에 못 이겨 아침 운동을 시작하였다.

헷갈리기 쉬운 말

2 빈칸에 알맞은 낱말을 ○보기○에서 찾아 쓰세요.

> ○보기○   갖고   같고

(1) 놀이터에서 아이들이 인형을 (   ) 놀았다.

(2) 나와 수민이는 키가 (   ) 몸무게도 비슷하다.

속담

3 빈칸에 들어갈 속담으로 알맞은 것에 ○표 하세요.

> "   "라는 말처럼 물을 마시는 것과 같이 작은 일이라도 어른부터 하는 것이 맞다고 생각한다.

(1) 등잔 밑이 어둡다 → 가까이 있는 것을 오히려 잘 알기 어렵다는 말.   (   )

(2) 찬물도 위아래가 있다 → 무엇에나 순서가 있으니 그 차례를 따라 해야 한다는 말.   (   )

가

실로폰은 음판을 채로 치면 음판이 *진동하면서 소리가 나는 성질을 이용해 만든 악기입니다. 긴 음판을 치면 낮은 소리가 나고 짧은 음판을 치면 높은 소리가 나지요. 이 원리를 이용해 손쉽게 악기를 만들 수 있는데, 바로 유리컵 실로폰입니다. 유리컵 실로폰은 다음과 같이 만듭니다.

① 탁자 위에 유리컵 8개를 나란히 늘어놓습니다.

② 유리컵 8개에 각각 물을 채웁니다. 이때 아래 그림처럼 오른쪽으로 갈수록 조금씩 물의 양이 적어지게 합니다.

③ 연필을 사용하여 유리컵의 옆면을 같은 세기로 차례차례 두드려 소리를 냅니다. 제일 왼쪽 컵을 쳐서 나는 소리를 '낮은 도'라고 생각하고, 다음 유리컵을 칩니다. 이때 '레'보다 높게 들리면 물을 조금 더 붓고, 낮게 들리면 물을 따라 냅니다.

④ 이렇게 8개의 컵에 담긴 물의 양을 조절하여 8*음계를 완성합니다.

나

도로 위에도 실로폰이 있어요. 바로 멜로디 도로예요. 도로에 낸 *홈 위로 자동차 바퀴가 지나가면 (㉠)이 생겨 소리가 나요. 이때 홈과 홈 사이의 *간격이 넓으면 낮은 소리가 나고, 홈과 홈 사이의 간격이 좁으면 높은 소리가 나요. 진동하면서 소리가 나는 성질을 이용해 만든 멜로디 도로는 졸음운전을 막고 터널이나 요금소 입구에서 차의 속도를 줄이게 하는 역할을 해요.

●지문의 난이도
상 중 **하**

●문제의 난이도
상 중 **하**

낱말 뜻

*진동: 흔들려 움직임.
*음계: 음악에 쓰이는 음을 일정한 음정 순서대로 늘어놓은 것.
*홈: 물체에 오목하고 길게 팬 줄.
*간격: 공간적으로 벌어진 사이.

1

짜임

글 **가**와 **나**에서 설명하는 내용으로 알맞은 것을 두 가지 고르세요. (   )

① 멜로디 도로의 역할

② 멜로디 도로의 문제점

③ 유리컵 실로폰을 만드는 방법

④ 멜로디 도로를 처음 만든 사람

⑤ 유리컵 실로폰을 만들면 좋은 점

2

내용 이해

유리컵 실로폰과 멜로디 도로의 공통점을 찾아 기호를 쓰세요.

> ㉮ 손쉽게 만들 수 있다.
>
> ㉯ 시끄러운 소리를 줄이기 위해 만들었다.
>
> ㉰ 홈과 홈 사이의 간격에 따라 소리가 달라진다.
>
> ㉱ 진동하면서 소리가 나는 성질을 이용해 만들었다.

(   )

3

추론

㉠에 들어갈 알맞은 낱말은 무엇이겠는지 ○표 하세요.

> 진동   자국   간격

4

적용·창의

다음 그림에서 낮은 소리가 나는 경우를 각각 찾아 ○표 하세요.

(1)

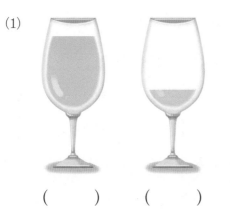

(   )   (   )

(2)

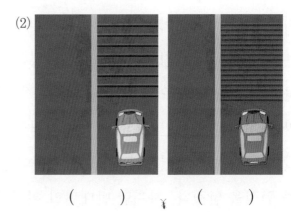

(   )   (   )

●지문의 난이도
상 중 **하**

●문제의 난이도
상 중 **하**

가

어느 날, 선비의 집에 도둑이 들었어요. 하지만 선비의 집에는 훔쳐 갈 것이 하나도 없었어요. 도둑은 양반집인데도 무척 가난한 선비가 오히려 *딱하게 느껴졌어요. 그래서 자신이 훔친 돈을 부엌에 있는 가마솥 안에 몰래 놓고 갔어요.

다음 날 아침, 선비의 아내가 솥뚜껑을 무심코 열었다가 돈 꾸러미를 발견하고는 깜짝 놀라 선비에게 달려갔어요.

"어허, 그 돈은 우리 것이 아니니 *도로 솥 안에 넣으시오!"

선비는 아내에게 *단호하게 말하고 대문 앞에 돈 주인을 찾는다는 글을 써 붙였어요. 얼마 뒤, 선비의 집을 지나던 도둑은 대문 앞에 써 붙인 돈 주인을 찾는다는 글을 읽었어요. 도둑은 할 수 없이 선비의 집으로 들어가 돈을 놓고 간 까닭을 말했어요.

"아무리 가난해도 까닭 없이 남의 돈을 받을 수는 없소."

도둑은 선비의 말에 정신이 번쩍 들었어요.

'가난해도 이렇게 정직하게 사는데, 나는 그동안 도둑질만 했구나.'

그 뒤로 도둑은 지난날을 후회하며 다시는 도둑질을 하지 않았고 곧은 마음가짐을 가진 선비는 나중에 높은 벼슬에 오르게 되었어요.

나

최영은 고려 *말기의 용감한 장군이다. 1316년, 대대로 높은 벼슬을 지낸 집안에서 태어난 최영은 어려서부터 '황금 보기를 돌같이 하라.'는 아버지의 가르침을 따라 평생을 정직하고 바르게 살았다. 다른 장군들은 재물을 모으고 세력을 키우는 일에 욕심을 냈지만 최영은 나라를 지키는 일에만 관심을 두며 *청렴하게 살았다. 최영은 전쟁에 나갈 때마다 승리하였으며, 고려에 쳐들어온 *왜구와 *홍건적을 물리치는 큰 업적을 남겼다. 하지만 반대편인 이성계에게 죽임을 당했다.

*딱하게: 처해 있는 상황이나 형편이 불쌍하게.
*도로: 원래와 같은 상태로.
*단호하게: 결심이나 태도, 입장 등이 흔들림이 없이 엄격하고 분명하게.
*말기: 정해진 기간이나 일의 끝이 되는 때나 시기.
*청렴하게: 마음이 깨끗하고 욕심이 없게.
*왜구: 옛날에 우리나라에 쳐들어와 곡식과 재물을 빼앗아 가던 일본 해적.
*홍건적: 중국 원나라 때 난리를 일으킨 도둑 무리.

5 내용 이해 글 **가**와 **나** 중 다음 설명에 해당하는 것의 기호를 쓰세요.

> 실제 살았던 인물의 삶을 쓴 글로, 인물이 한 훌륭한 일이 무엇인지 알 수 있다.

( )

6 추론 글 **가**의 선비와 글 **나**의 최영 장군이 모두 중요하게 여긴 것은 무엇인가요? ( )

① 승리
② 재물
③ 나라
④ 가족
⑤ 정직

7 감상 글 **가**와 **나**를 읽고 생각이나 느낌을 바르게 말한 친구는 누구인지 쓰세요.

글 **가**에서 선비가 도둑에게 도움을 받고도 은혜를 갚지 않은 것은 잘못이야.

태환

글 **나**에서 재물을 탐내지 않으면서 바르고 곧게 산 최영 장군의 행동을 본받고 싶어.

성빈

( )

8 어휘·표현 글 **나**에 나오는 최영 장군의 삶과 관련 있는 사자성어에 ○표 하세요.

(1) 선견지명(先見之明) → 어떤 일이 일어나기 전에 미리 앞을 내다보고 아는 지혜를 뜻하는 말. ( )

(2) 명경지수(明鏡止水) → 맑은 거울과 고요한 물이라는 뜻으로, 꾸밈이나 욕심이 없는 맑고 깨끗한 마음을 뜻하는 말. ( )

(크로스워드 퍼즐 격자)

가로 →

❶ 이전의 잘못을 깨치고 뉘우침.

❷ 본래부터 가지고 있는 특유한 것.
 ㉖ 한복은 우리나라 ○○의 옷이다.

❸ 위험을 피해 잠깐 안전한 곳으로 감.
 ㉖ 지진 ○○ 요령

❺ 가장 먼저 지진이나 폭발로 인해 생겨서 퍼져 나가는 진동이 일어난 지점.

세로 ↓

❶ 어떤 일을 치르고 난 뒤에 생긴 부작용.

❸ 버스나 지하철과 같이 여러 사람이 이용하는 교통. 또는 교통수단.
 ㉖ ○○○○을 이용하자.

❹ 느끼어 앎.
 ㉖ 자동차는 물체 ○○ 기능이 있다.

❺ 흔들려 움직임.

정답 및 해설 16쪽에서 확인하세요.

1   **2**   **3**   **4**   **5**

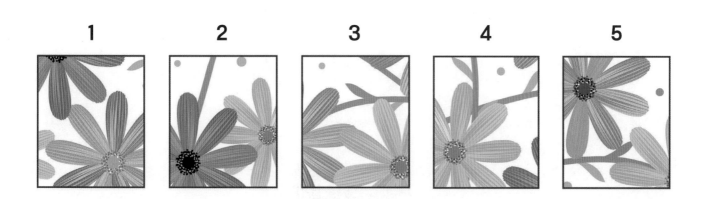

정답 및 해설 16쪽에서 확인하세요.

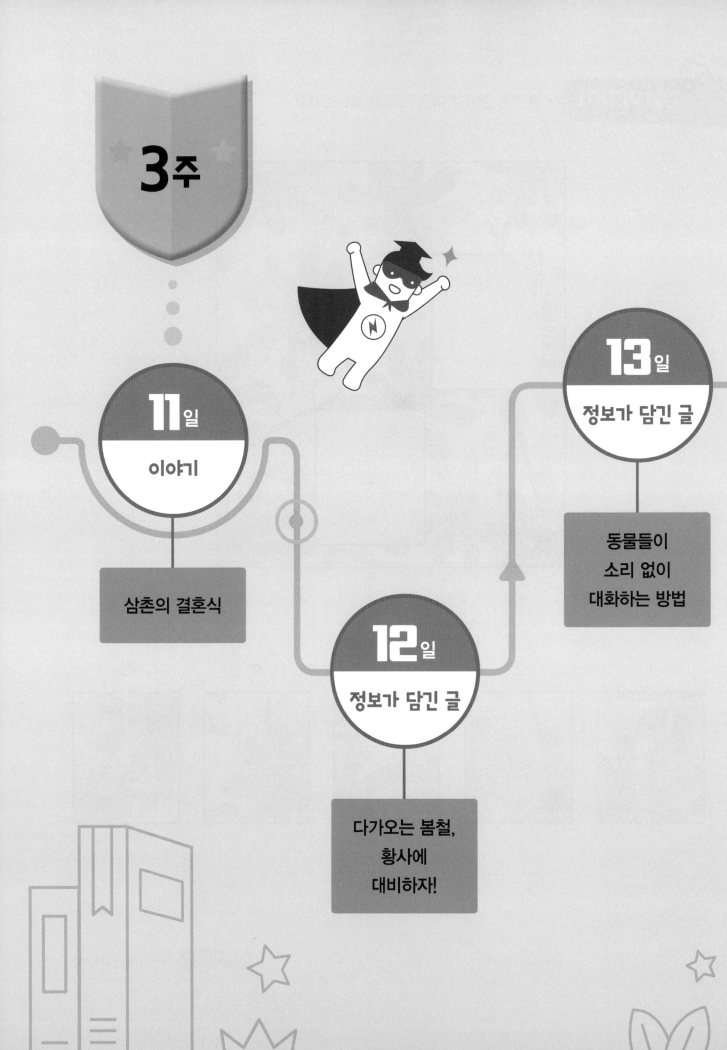

3주

11일
이야기

삼촌의 결혼식

12일
정보가 담긴 글

다가오는 봄철,
황사에
대비하자!

13일
정보가 담긴 글

동물들이
소리 없이
대화하는 방법

15일

최상위 독해

14일

의견이 담긴 글

• 늘대와 개
• 자유란 무엇일까?

• 야식을 먹지 말자
• 야식 증후군

용돈 기입장을
쓰자

삼촌의 결혼식

오늘은 삼촌의 결혼식이 있는 날입니다.

엄마, 아빠와 나는 예식장에 일찍 도착했습니다. 예식장에는 삼촌의 결혼을 축하하기 위해 많은 사람들이 모여 있었습니다. 그중에는 내가 처음 보는 친척들도 있었습니다.

"아빠, ㉠저분은 누구세요?"

"저분은 아빠의 작은아버지란다. 너에게는 작은할아버지가 되시지. 오늘 결혼하는 삼촌도 아빠와 형제 사이잖아. 저분도 마찬가지로 네 할아버지와 형제 사이야. 쉽게 말해서 할아버지의 동생인 거야. 옛날부터 어려운 이웃을 많이 도와주셨어."

"삼촌이 저를 귀여워해 주신 것처럼 저분도 아빠를 귀여워해 주셨겠네요."

"아빠가 어렸을 때 당연히 그랬지."

아빠는 곧바로 나를 작은할아버지께 데려가셨습니다.

내가 작은할아버지께 *공손히 인사를 드리자, 작은할아버지는 활짝 웃으시며 아빠와 내가 많이 닮았다고 말씀하셨습니다.

드디어 결혼식이 시작되었습니다. 나는 앞자리에 앉아 결혼식을 보았습니다. 결혼을 하는 삼촌의 모습이 정말 행복해 보였습니다.

결혼식이 끝나자 사진사 아저씨께서 친척들은 앞으로 나와 사진을 찍으라고 하셨습니다. 나도 엄마 옆에 서서 사진을 찍었습니다. 주위에 있는 친척들이 나를 반갑게 맞아 주셨습니다. 나는 처음 보는 친척들에게서 따뜻함을 느꼈습니다. 그리고 여기 모인 친척들이 모두 나와 연결되어 있다는 것을 알게 되었습니다. ㉡보이지 않는 끈이 우리 모두를 이어 주고 있는 것 같았습니다.

---

*저분: '저 사람'을 높여 이르는 말.
*공손히: 말이나 행동이 겸손하고 예의 바르게.

1

어휘·표현

이 글에 나온 말 중 시간이나 장소를 알 수 있는 표현을 두 가지 고르세요.

(　　　　)

① 예식장　　　　　　　　② 드디어
③ 그중에는　　　　　　　④ 사진사 아저씨
⑤ 삼촌의 결혼식이 있는 날

2

내용 이해

'내'가 한 일이 <u>아닌</u> 것은 무엇인가요? (　　　)

① 작은할아버지께 인사를 드렸다.
② 결혼식이 끝나고 사진을 찍었다.
③ 예식장 앞자리에 앉아 결혼식을 보았다.
④ 처음 보는 친척들 모두를 찾아가 인사를 하였다.
⑤ 삼촌의 결혼식을 축하하기 위해서 예식장에 갔다.

3

내용 이해

㉠'저분'에 대한 설명으로 알맞은 것의 기호를 쓰세요.

㉮ 할아버지의 형이다.
㉯ 아빠의 작은아버지이다.
㉰ 삼촌을 무척 귀여워해 주셨다.

(　　　　　　　　)

4

추론

㉡'보이지 않는 끈'은 무엇을 가리키는 말인가요? (　　　)

① 꿈과 희망　　　　　　② 지난날의 추억
③ 친척들과의 인연　　　④ 가족의 여러 형태
⑤ 어른을 존중하는 마음

5 다음을 모두 포함하는 낱말을 이 글에서 찾아 쓰세요.

> 삼촌   할아버지   작은할아버지

6 삼촌의 결혼식에서 친척들을 만나고 '나'는 아빠에게 어떤 말을 했을지 알맞게 짐작한

감상 친구의 이름을 쓰세요.

처음 보는 친척이라서
친근함보다 불편함이 컸다고
했을 것 같아.

민재

앞으로 친척들과
더 가깝게 지내자고 말했을
것 같아.

채원

아빠가 오래오래
건강하시기를 바란다고 했을
것 같아.

도훈

(   )

7 다음은 아빠가 결혼식을 마치고 작은할아버지에 대해 더 말씀해 주신 내용입니다. 작

적용·창의 은할아버지와 비슷한 삶을 산 인물이 <u>아닌</u> 사람을 찾아 ×표 하세요.

> 작은할아버지는 자신이 가진 것을 이웃에게 베풀 줄 아는 훌륭하신 분이셔. 자
> 신의 행복보다 나눔을 실천하는 것을 더 중요하게 여기셨어.

(1) 침팬지와 자연을 사랑한 동물학자, 제인 구달   (   )

(2) 가난하고 병든 사람을 위해 평생을 봉사한 마더 테레사   (   )

(3) 세상을 떠나며 자신의 전 재산을 사회에 기부한 유일한 박사   (   )

어휘력 강화

낱말의 뜻

1 빈칸에 알맞은 낱말을 보기에서 찾아 쓰세요.

> **보기**　　　　　　사이　　　　활짝　　　　공손히

(1) 친구와 다퉈서 (　　　　　　　　)가 멀어진 적이 있었다.

(2) 나는 허리를 숙여 선생님께 (　　　　　　) 인사했다.

(3) (　　　　　　　) 웃는 친구의 얼굴을 보니 내 기분도 좋아진다.

헷갈리기 쉬운 말

2 빈칸에 알맞은 낱말을 보기에서 찾아 쓰세요.

> **보기**　　　　　　담았다　　　　닮았다

(1) 화분에 흙을 가득 (　　　　　　).

(2) 나는 언니와 무척 (　　　　　　).

속담

3 다음 빈칸에 들어갈 알맞은 속담에 ○표 하세요.

> "　　　　　"라는 말처럼 우리 집과 승호네 집은 친척보다 더 가까이 지낸다.

(1) 이웃이 사촌보다 낫다　　　　　　　　　　　　　　　　　(　　　)

(2) 사촌이 땅을 사면 배가 아프다　　　　　　　　　　　　　(　　　)

DAY 12

실전 독해

다가오는 봄철, 황사에 대비하자!

1 ⟨ ㉠ ⟩

황사는 중국이나 몽골 등에 위치한 사막과 *황토 지대의 작은 모래나 흙, 먼지가 바람을 타고 하늘 높이 올라가 멀리까지 이동하는 현상을 말해요. 매년 3~5월에 많이 발생하며 때로는 강한 *서풍을 타고 우리나라를 거쳐 일본, 태평양, 북아메리카까지 날아가지요.

2 황사, 이렇게 대비해요

- 매일 아침 *기상 정보를 확인하여 황사가 발생하는지 알아보아요.
- 황사가 실내에 들어오지 못하도록 창문을 닫아요.
- 실내 공기 정화기, 가습기 등을 준비하고 *적정 습도가 되도록 해요.
- 관측 수치가 '나쁨' 이상일 때는 ㉡가급적 외출을 하지 마세요.
- 외출할 경우에는 긴소매 옷을 입고 마스크를 써요.
- 외출하고 집에 돌아오면 손발을 깨끗이 씻고 양치질을 해요.

3 황사 발생 상황은 이렇게 확인해요

- 텔레비전이나 라디오, 인터넷과 같은 매체를 통해 확인해요.
- 기상청 날씨누리(www.weather.go.kr)에서 확인해요.
- 기상 콜센터에 전화를 걸어 확인해요.
  - 국번 없이 131(지역 기상 정보: 지역 번호 + 131)

* 대비: 앞으로 일어날 수 있는 어려운 상황에 대해 미리 준비함. 또는 그런 준비.
* 황토: 누렇고 거무스름한 흙.
* 서풍: 서쪽에서 불어오는 바람.
* 기상: 공기 중에서 일어나는 바람, 구름, 비, 눈, 더위, 추위 따위의 현상을 통틀어 이르는 말.
* 적정: 알맞고 바른 정도.

1

주제

글쓴이가 이 글을 쓴 까닭을 생각하며 빈칸에 알맞은 말을 쓰세요.

□□ 에 □□ 하는 방법을 알려 주려고

2

짜임

㉠에 들어갈 말로 알맞은 것을 찾아 ○표 하세요.

(1) 　　　　　　　황사가 뭐예요?　　　　　　　(　　)

(2) 　　　　　　황사를 막을 방법은 없나요?　　　　　(　　)

(3) 　　　　황사는 우리 몸에 어떤 영향을 주나요?　　　(　　)

3

내용 이해

황사의 영향을 받지 <u>않는</u> 곳은 어디인가요? (　　　)

① 일본　　　　　　　　　② 태평양

③ 북유럽　　　　　　　　④ 우리나라

⑤ 북아메리카

4

어휘·표현

㉡'가급적'과 바꾸어 쓸 수 있는 말은 무엇인가요? (　　　)

① 결코　　　　　　　　　② 언제나

③ 절대로　　　　　　　　④ 되도록

⑤ 여전히

5 황사 발생 상황을 확인하는 방법으로 알맞지 <u>않은</u> 것의 기호를 쓰세요.

내용 이해

> ㉮ 113 기상 콜센터에 전화를 걸어 확인한다.
> ㉯ 텔레비전 뉴스를 통해 기상 정보를 확인한다.
> ㉰ 기상청 날씨누리(www.weather.go.kr)에 들어가서 황사가 발생하는지 확인한다.

(   )

6 이 글을 읽고 바르게 말한 친구는 누구인지 쓰세요.

비판

> 선정: 글 **1**에 황사가 언제 많이 발생하는지 설명했으면 더 좋았을 것 같아.
> 영훈: 글 **2**에 외출할 때 어떤 마스크를 써야 하는지 알려 줬으면 더 좋았을 것 같아.
> 주영: 글 **3**에 황사 발생 상황을 알아볼 수 있는 매체에는 어떤 것이 있는지를 밝혔으면 더 좋았을 것 같아.

(   )

7 다음은 인터넷으로 확인한 오늘의 황사 정보입니다. 각 지역에 사는 사람들이 해야 할 일로 알맞은 것을 찾아 ○표 하세요.

적용·창의

관측 지점	오전	오후
서울	매우 나쁨	매우 나쁨
인천	매우 나쁨	매우 나쁨
속초	보통	보통
대구	나쁨	나쁨
광주	나쁨	나쁨

(1) 속초에 사는 사람들은 가급적 외출을 하지 말아야 한다. (   )

(2) 서울에 사는 사람들은 외출할 경우 반소매 옷을 입어야 한다. (   )

(3) 광주에 사는 사람들은 황사가 들어오지 못하도록 창문을 닫아야 한다. (   )

어휘력 강화

낱말의 뜻

1 빈칸에 알맞은 낱말을 ◑보기◑에서 찾아 쓰세요.

> ◑ 보기 ◑   대비   적정   확인

(1) 여름철 실내 (   ) 온도는 26도이다.

(2) 홍수에 (   )하기 위해 둑을 높게 쌓았다.

(3) 사실을 (   )해 보기 전까지는 믿을 수가 없었다.

합성어

2 다음 ◑보기◑와 같이 두 개의 낱말이 합쳐져서 만들어진 낱말이 <u>아닌</u> 것은 무엇인가요?

(   )

> ◑ 보기 ◑   창 + 문 → 창문

① 봄비   ② 하늘   ③ 벽돌

④ 책가방   ⑤ 돌다리

사자성어

3 다음 내용과 관련 있는 사자성어에 ◯표 하세요.

> 내일 황사가 심하다고 하니까 긴소매 옷과 마스크를 준비해 놓아야겠다.

(1) 동문서답(東問西答) → 묻는 말과 전혀 상관이 없는 대답을 뜻하는 말. (   )

(2) 유비무환(有備無患) → 미리 준비가 되어 있으면 걱정할 것이 없음을 뜻하는 말.

(   )

❶ 우리는 대부분 ㉠말로 *의사소통을 하지만, 때로는 말없이 여러 가지 표정이나 몸짓으로만 의사소통을 하기도 한다. 마찬가지로 동물도 소리가 아닌 다양한 방법으로 대화를 하는데 소리 없이 어떻게 대화를 하는지 알아보자.

❷ 동물은 ⟨　　㉡　　⟩. 코끼리는 위험한 상황을 알리기 위해서 크고 무거운 발로 땅을 쿵쿵 울린다. 게는 집게발을 머리 위로 올려 적들에게 다가오지 말라는 신호를 보내기도 하고, 집게발을 양옆으로 흔들면서 암컷들에게 다가오라고 말하기도 한다.

❸ 동물은 냄새로 대화하기도 한다. 스컹크는 지독한 냄새를 뿜어내면서 불편한 기분을 드러내고 상대방을 위협한다. 개는 새로운 장소에 가면 여기저기에 오줌을 싸면서 다른 개들에게 자신의 *영역을 알린다. 개뿐만 아니라 많은 *포유류가 자기의 영역을 알리거나 짝을 찾기 위해서 자신의 냄새를 이용한다.

❹ 동물은 빛으로 대화하기도 한다. 반딧불이는 배 뒤쪽의 기관에서 빛을 만들어 내 짝짓기 상대를 찾는다. 빛이 없는 깊은 바닷속에서 사는 발광새우나 발광눈금돔은 몸에서 빛을 내 대화한다.

▲ 발광새우

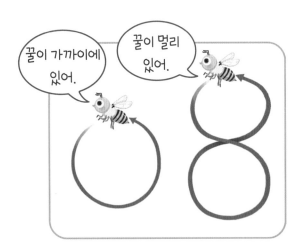

꿀이 가까이에 있어.

꿀이 멀리 있어.

❺ 동물은 춤으로 대화하기도 한다. 꿀벌은 꿀을 발견하면 춤을 추어서 다른 꿀벌들에게 알린다. 꿀이 가까운 곳에 있으면 동그랗게 원을 그리고, 먼 곳에 있으면 8자를 그리며 춤을 춘다. 이때, 춤을 추는 시간이 길수록 꿀이 멀리 있다는 뜻이다.

* 의사소통: 가지고 있는 생각이나 뜻이 서로 통함.
* 영역: 활동, 기능, 효과, 관심 따위가 미치는 일정한 범위.
* 포유류: 새끼를 낳아 젖을 먹여 기르며 폐로 숨을 쉬는 척추동물의 한 종류.

1

주제

무엇에 대해 설명하는 글인가요? (   )

① 지구에 사는 동물의 종류   ② 사람과 동물의 비슷한 점

③ 소리로 대화를 하는 동물들   ④ 사람이 의사소통을 하는 방법

⑤ 동물들이 소리 없이 대화하는 방법

2

어휘·표현

밑줄 친 낱말 중에서 ㉠'말'과 같은 뜻으로 쓰인 것에 ○표 하세요.

(1) 쌀 한 말만 주세요.   (   )

(2) 감기에 걸려서 말이 잘 안 나온다.   (   )

(3) 윷놀이에서 상대편의 말을 잡았다.   (   )

3

추론

㉡에 들어갈 내용으로 알맞은 것의 기호를 쓰세요.

> ㉮ 몸짓으로 대화하기도 한다
> ㉯ 표정으로 대화하기도 한다
> ㉰ 사람들이 듣지 못하는 소리를 내서 대화하기도 한다

(   )

4

내용 이해

다음 동물이 알리고 싶은 것은 무엇인가요? (   )

> 코끼리가 발로 땅을 쿵쿵 울린다.

① 짝을 찾고 있다는 것   ② 발이 불편하다는 것

③ 위험한 상황이라는 것   ④ 몹시 기분이 좋다는 것

⑤ 먹이가 가까운 데 있다는 것

5 다음 보기에서 소리 없이 대화하는 방법이 나머지와 <u>다른</u> 동물을 찾아 쓰세요.

내용 이해

> 보기   게   반딧불이   발광새우   발광눈금돔

(   )

6 ①~⑤문단 중에서 다음 내용을 덧붙이기에 알맞은 부분은 어디인가요? (   )

짜임

> 줄무늬 몽구스는 무리와 헤어졌다가 다시 만나면 서로 몸을 휘감는다. 이것은 서로의 냄새를 맡으면서 반가움을 표시하는 뜻이다. 또 서로의 몸을 비비면서 무리의 냄새가 자신의 몸에 배어들게 한다.

① ①문단   ② ②문단   ③ ③문단
④ ④문단   ⑤ ⑤문단

7 이 글을 읽고 알 수 있는 사실로 알맞지 <u>않은</u> 것에 ×표 하세요.

추론

(1) 게들은 집게발을 무기로만 사용한다. (   )

(2) 스컹크의 지독한 냄새는 상대방에게 경고하는 수단으로 쓰이기도 한다. (   )

(3) 꿀벌의 춤에는 벌집에서 꿀이 있는 꽃까지의 거리에 대한 정보가 담겨 있다.

(   )

낱말의 뜻

1 다음 문장에 알맞은 낱말을 ( ) 안에서 골라 ○표 하세요.

(1) 나는 활동 (영역, 영향)이 좁은 편이다.

(2) 자동차가 (끌어내는, 뿜어내는) 매연이 환경오염을 일으킨다.

(3) 앤디는 우리말을 잘해서 (의미심장, 의사소통)에 어려움이 없었다.

조사

2 빈칸에 공통으로 들어갈 말로 알맞은 것은 무엇인가요? ( )

> • 농장 주인이 돼지 　 먹이를 주었다.
> • 오랜만에 만난 친구 　 반갑게 인사를 했다.

① 를 　　　　　② 는 　　　　　③ 와

④ 의 　　　　　⑤ 에게

관용어

3 밑줄 친 말의 뜻으로 알맞은 것은 무엇인가요? ( )

> 개그맨의 말이 재미있어서 사람들이 모두 <u>배꼽을 잡았다</u>.

① 흉을 보았다는 뜻 　　　　　② 심술이 났다는 뜻

③ 크게 웃었다는 뜻 　　　　　④ 욕심을 채웠다는 뜻

⑤ 편안히 지냈다는 뜻

여러분은 용돈을 받고 있나요? 용돈을 받고 있다면 *합리적으로 관리하고 있나요? 용돈을 받자마자 한꺼번에 다 써 버려서 나중에 후회했던 친구들도 있을 거예요. ㉠그런 경험이 있는 친구들은 아마도 용돈 기입장을 쓰고 있지 않을 거예요. 용돈 기입장은 용돈을 어디에 얼마나 썼는지 적어 놓는 공책이에요. 용돈을 받는 친구들은 용돈 기입장을 쓰는 것이 좋아요. 용돈 기입장을 쓰면 어떤 점이 좋은지 알아볼까요?

첫째, *수입과 *지출을 쉽게 알아볼 수 있어요. 용돈 기입장을 쓰면 ㉡용돈을 얼마 받았고, ㉢얼마의 돈을 어디에 썼는지를 알 수 있어요. 또 현재 돈이 얼마나 남아 있는지도 알 수 있지요.

둘째, 계획적인 *소비를 하여 *낭비를 막을 수 있어요. 용돈 기입장을 쓰면 용돈을 어떻게 쓸 것인지 계획을 세우게 되고, 그 계획에 따라 용돈을 사용하게 되지요. 그러면서 합리적인 소비를 하게 돼요.

셋째, 저축하는 습관을 기를 수 있어요. 용돈을 받은 뒤에 제일 먼저 얼마의 돈을 저축할지 정해서 떼어 놓고 지출 계획을 세우면 저축하는 습관을 기를 수 있어요.

용돈을 받는 친구라면 이제부터 용돈 기입장을 써서 용돈을 관리해 보도록 해요. "㉣"라는 속담이 있어요. 어릴 때 몸에 밴 버릇은 늙어 죽을 때까지 고치기 힘들다는 뜻으로, 어릴 때부터 나쁜 버릇이 들지 않도록 잘 가르쳐야 한다는 것을 말하는 속담이에요. 이 속담처럼 어렸을 때부터 용돈을 합리적으로 관리하는 습관을 가지면 나중에 어른이 되어서도 짜임새 있는 경제생활을 할 수 있을 거예요.

* 합리적: 이론이나 이치에 꼭 알맞음. 또는 그런 것.
* 수입: 돈이나 물건 등을 거두어들임. 또는 그 돈이나 물건.
* 지출: 어떤 목적을 위하여 돈을 씀. 또는 그렇게 쓰는 돈.
* 소비: 돈, 물건, 시간, 노력, 힘 등을 써서 없앰.
* 낭비: 돈, 시간, 물건 등을 헛되이 함부로 씀.

1

주제

글쓴이가 이 글을 쓴 까닭은 무엇인가요? (   )

① 저축을 많이 하자는 주장을 하려고

② 용돈 기입장을 쓰자는 주장을 하려고

③ 용돈 기입장을 쓰는 방법을 알려 주려고

④ 값비싼 물건을 사지 말자는 주장을 하려고

⑤ 초등학생도 용돈이 필요하다는 주장을 하려고

2

추론

㉠'그런 경험'에 해당하는 것은 무엇인가요? (   )

① 용돈을 받지 않았다.

② 용돈 받은 걸 다 잃어버렸다.

③ 용돈을 받자마자 저축할 돈을 떼어 놓았다.

④ 어머니께 용돈을 올려 달라고 떼를 쓰다가 꾸중을 들었다.

⑤ 용돈을 받자마자 군것질하는 데 다 써 버려서 나중에 쓸 돈이 없었다.

3

어휘·표현

㉡과 ㉢을 나타내는 낱말로 알맞은 것에 각각 ○표 하세요.

(1) ㉡:   수입   지출   (2) ㉢:   수입   지출

4

내용 이해

글쓴이가 주장을 뒷받침하기 위해 말한 내용을 정리하여 빈칸에 알맞은 말을 쓰세요.

(1) [|] 과 지출을 쉽게 알아볼 수 있다.

(2) 계획적인 소비를 하여 [|] 를 막을 수 있다.

(3) [|] 하는 습관을 기를 수 있다.

5 ㉣에 들어갈 속담으로 알맞은 것의 기호를 쓰세요.

어휘·표현

> ㉮ 낫 놓고 기역 자도 모른다
>
> ㉯ 세 살 적 버릇이 여든까지 간다
>
> ㉰ 낮말은 새가 듣고 밤말은 쥐가 듣는다

(   )

6 이 글의 글쓴이의 생각에 대한 자신의 생각을 정하고, 그렇게 생각하는 까닭과 함께 쓰세요.

비판

_____

_____

7 이 글을 읽고 깨달은 것을 바르게 실천하지 <u>못한</u> 친구는 누구인지 쓰세요.

적용·창의

한 달에 한 번 받던 용돈을 일주일에 한 번씩 나누어 받기로 했어.

채운

용돈으로 꼭 필요한 것을 먼저 사고, 돈을 쓸 때마다 어디에 썼는지 적어 두었어.

예서

(   )

어휘력 강화

낱말의 뜻

1 다음 문장에 알맞은 낱말을 ( ) 안에서 골라 ◯표 하세요.

(1) 돈을 (낭비, 소비)하지 말고 아껴 써야 한다.

(2) 선생님께서는 회의를 (가급적, 합리적)으로 진행하셨다.

(3) 내가 쓴 글을 보고 선생님께서 (짜임새, 생김새)가 있다고 칭찬해 주셨다.

헷갈리기 쉬운 말

2 빈칸에 알맞은 낱말을 ◯보기◯에서 찾아 쓰세요.

◯ 보기 ◯	배었다	베었다

(1) 과일을 깎다가 손을 (   ).

(2) 할머니는 절약하는 습관이 몸에 (   ).

속담

3 빈칸에 들어갈 속담으로 알맞은 것에 ◯표 하세요.

" "(이)라는 말처럼 용돈을 받은 뒤 조금씩 저축하면 언젠가는 큰돈이 될 것이다.

(1) 티끌 모아 태산   (   )

(2) 고양이 목에 방울 달기   (   )

가 늘대와 개

라퐁텐

"이 숲을 떠나 나랑 우리 집에 가자. 우리 집에 가면 그냥 주인을 따라 사냥을 나가고, 주인을 즐겁게 해 주기만 하면 돼. 그럼 집에서 매일 배불리 먹을 수 있어."

늘대는 음식을 배불리 먹는 모습을 상상하니 생각만 해도 *흐뭇했다. 그런데 문득 개의 목에 걸려 있는 목걸이가 눈에 띄었다.

"이 목걸이는 뭐야?"

"아, 아무것도 아냐. 별것 아니니 신경 쓰지 마."

(㉠) 늘대는 이상하게 생각되었다.

"왜 목걸이를 하고 있어?"

"사실 집에 있을 때는 묶여 있어야 해."

늘대는 개의 말을 듣고 깜짝 놀라서 말했다.

"가고 싶은 데를 마음대로 가지 못한다는 말이야? 너는 괜찮을지 몰라도 나는 그렇게 답답하게는 못 살아."

나 자유란 무엇일까?

새장 안에 갇힌 새를 보면 자유가 없다고 생각한다. (㉡) 들판을 달리는 사자를 보면 자유롭다고 생각한다. 자유란 무엇일까?

국어사전에서 '자유'를 찾아보면 '무엇에 *얽매이거나 *구속되지 않고 자기의 생각과 *의지대로 할 수 있는 상태.'라고 되어 있다. 다시 말하면 자유는 몸과 마음, 생각이 모두 *억눌리지 않는 상태를 말한다. 자유롭다는 것은 가고 싶은 곳에 가고 자신의 생각을 마음껏 표현하는 것이다. 그렇다고 해서 자기가 하고 싶은 대로 아무렇게나 하는 것을 자유라고 하지 않는다. 자신의 자유가 소중한 것처럼 다른 사람의 자유도 소중히 여길 줄 알아야 한다.

낱말 뜻

* 흐뭇했다: 마음에 들어 매우 만족스러웠다.
* 얽매이거나: 마음대로 행동하지 못하게 몸과 마음을 억누르거나.
* 구속되지: 생각이나 행동의 자유가 제한되거나 강제로 막히지.
* 의지대로: 어떤 일을 이루고자 하는 마음대로.
* 억눌리지: 자유롭게 행동하지 못하게 강요하는 힘이 가해지지.

1

추론

글 가에 나오는 늑대와 글 나에 나오는 사자의 공통점으로 알맞은 것에 ○표 하세요.

(1) 길들여지는 삶을 살고 싶어 한다.   (   )

(2) 자기가 가고 싶은 곳에 자유롭게 갈 수 있다.   (   )

2

어휘·표현

㉠과 ㉡에 공통으로 들어갈 이어 주는 말은 무엇인가요? (   )

① 그리고   ② 그래서

③ 하지만   ④ 그러므로

⑤ 왜냐하면

3

내용 이해

다음은 글 가와 나를 읽고 자유에 대해 정리한 것입니다. 알맞은 것을 두 가지 고르세요. (   )

① 다른 사람을 즐겁게 해 주는 것이다.

② 몸, 마음, 생각이 억눌리지 않는 상태를 말한다.

③ 다른 사람의 자유는 소중히 여기지 않아도 된다.

④ 자기가 하고 싶은 대로 아무렇게나 하는 것이다.

⑤ 가고 싶은 곳에 가고 자신의 생각을 마음껏 표현하는 것이다.

4

적용·창의

글 가와 나를 읽고 자유롭게 사는 것의 예로 알맞은 것의 기호를 모두 쓰세요.

㉮ 장래희망을 스스로 선택한 아이

㉯ 아파트에서 밤 10시에 피아노를 치는 아이

㉰ 엄마의 뜻을 따라 밤늦게까지 공부한 아이

㉱ 전교 어린이 회장 선거에서 마음에 드는 후보자를 뽑은 아이

(   )

가

밤에 먹는 음식을 야식이라고 합니다. 야식은 여러 가지로 몸에 좋지 않으므로 먹지 말아야 합니다. 야식을 먹으면 왜 안 될까요?

첫째, 소화가 잘 되지 않습니다. 대부분의 사람들은 야식을 먹은 뒤, 운동을 하거나 일을 하지 않고 잠을 잡니다. 또 밤에는 위장이 잘 움직이지 않기 때문에 소화가 잘 되지 않습니다.

둘째, 살이 쪄서 몸이 뚱뚱해질 수 있습니다. 음식을 먹으면 우리 몸에 에너지가 생깁니다. 그런데 밤에 음식을 먹으면 에너지를 쓸 시간이 없게 됩니다. 또한 밤에는 우리 몸도 에너지를 쓰는 것이 아니라 에너지를 저장하려고 하기 때문에 살이 찝니다.

셋째, 잠을 충분히 잘 수 없습니다. 야식을 먹으면 수면을 돕는 물질이 절반 이하로 줄어들고, 음식을 먹느라 잠자는 때를 놓치게 됩니다.

야식을 먹으면 건강에 좋지 않고 여러 가지 병에 걸릴 수 있으므로 늦은 밤에는 음식을 먹고 싶어도 참아야 합니다.

나

야식을 계속 먹게 되면 병이 될 수 있는데, 이것을 '야식 증후군'이라고 한다. 야식 증후군은 밤에 *식욕이 *왕성해져 습관적으로 야식을 먹게 되는 증상으로, 저녁 7시 이후 식사량이 하루 전체의 절반 이상을 차지하게 된다. 야식 증후군에 걸리면 밤에 잠을 자지 못할 수 있고, 대부분 라면, 치킨, 피자 등 기름지고 자극적인 음식을 먹기 때문에 살이 쪄 뚱뚱해질 가능성이 있다. 또한 야식을 먹은 뒤 바로 잠자리에 들 경우 위장 질환에 걸리기 쉽고 *혈액 순환이 잘 되지 않는다.

야식 증후군을 예방하려면 규칙적인 *식습관과 생활 습관을 가져야 하고, 정해진 시간에 알맞은 양의 음식을 먹어야 한다. 그리고 영양소가 풍부한 음식으로 늦지 않게 저녁을 먹고 최대한 일찍 자는 게 좋다.

● 지문의 난이도
상 중 **하**

● 문제의 난이도
상 중 **하**

낱말 뜻

* 식욕: 음식을 먹고 싶어 하는 욕망.
* 왕성해져: 기운이나 세력이 한창 활발해져.
* 혈액 순환: 피가 심장 밖으로 나가 핏줄을 타고 온몸 곳곳을 돌고 난 다음 다시 심장으로 돌아오는 일.
* 식습관: 음식을 먹는 것과 관련된 습관.

5 글 **가**와 **나**는 어떤 글인지 빈칸에 알맞은 말을 쓰세요.

주제

• 글 **가**는 [   ][   ]에 대한 글쓴이의 의견이 나타나 있는 글이고, 글 **나**는

[   ][   ] [   ][   ][   ]에 대해 설명하는 글이다.

6 다음은 글 **가**의 중요한 내용을 정리한 것입니다. 빈칸에 알맞은 말을 쓰세요.

짜임

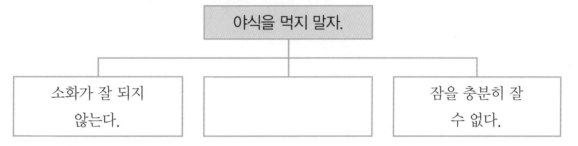

야식을 먹지 말자.

| 소화가 잘 되지 않는다. | | 잠을 충분히 잘 수 없다. |

7 글 **가**와 **나**의 내용으로 알맞지 <u>않은</u> 것은 무엇인가요? (   )

내용 이해

① 밤에 음식을 계속 먹으면 병이 될 수 있다.

② 야식을 먹으면 수면을 돕는 물질이 줄어든다.

③ 야식을 먹으면 우리 몸에 에너지가 저장되어 살이 찌게 된다.

④ 저녁에 영양소가 풍부한 음식을 먹으면 소화가 잘 되지 않는다.

⑤ 야식을 먹으면 건강에 좋지 않으므로 규칙적인 식습관을 가져야 한다.

8 글 **가**와 **나**에 쓰인 낱말 중 뜻이 비슷한 것끼리 짝 지어진 것을 두 가지 고르세요.

어휘·표현

(   )

① 잠 – 수면   ② 질환 – 병

③ 먹다 – 걸리다   ④ 생기다 – 차지하다

⑤ 예방하다 – 저장하다

	❶		❸	❹	
❷					
				❺	
	❻		❼		

가로 →

❷ 새끼를 낳아 젖을 먹여 기르며 폐로 숨을 쉬는 척추동물의 한 종류.
㉠ 사람은 ○○○이다.

❸ 저녁밥을 먹고 난 한참 뒤 밤중에 먹는 음식.

❺ 어떤 일을 책임지고 맡아 처리함.

❻ 가지고 있는 생각이나 뜻이 서로 통함.
㉠ 외국인과 몸짓으로 ○○○○을 했다.

세로 ↓

❶ 무엇에 얽매이거나 구속되지 않고 자기의 생각과 의지대로 할 수 있는 상태.
㉠ 표현의 ○○.

❹ 음식을 먹는 것과 관련된 습관.

❻ 어떤 일을 이루고자 하는 마음.
㉠ 선수들은 승리하려는 ○○가 강하다.

❼ 돈, 물건, 시간, 노력, 힘 등을 써서 없앰.
㉠ 지나친 ○○는 낭비가 된다.

정답 및 해설 16쪽에서 확인하세요.

쉬어가기 빈칸에 들어갈 퍼즐 조각을 찾아보세요.

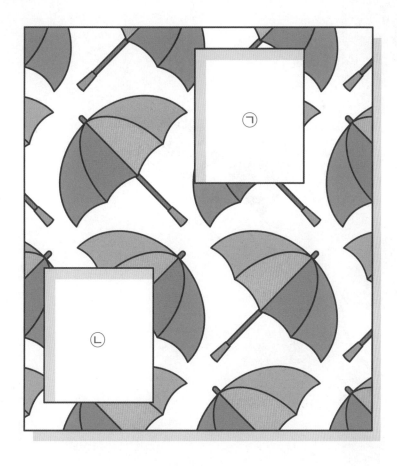

1   **2**   **3**   **4**   **5**

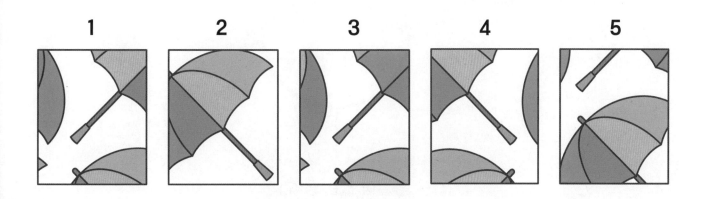

정답 및 해설 16쪽에서 확인하세요.

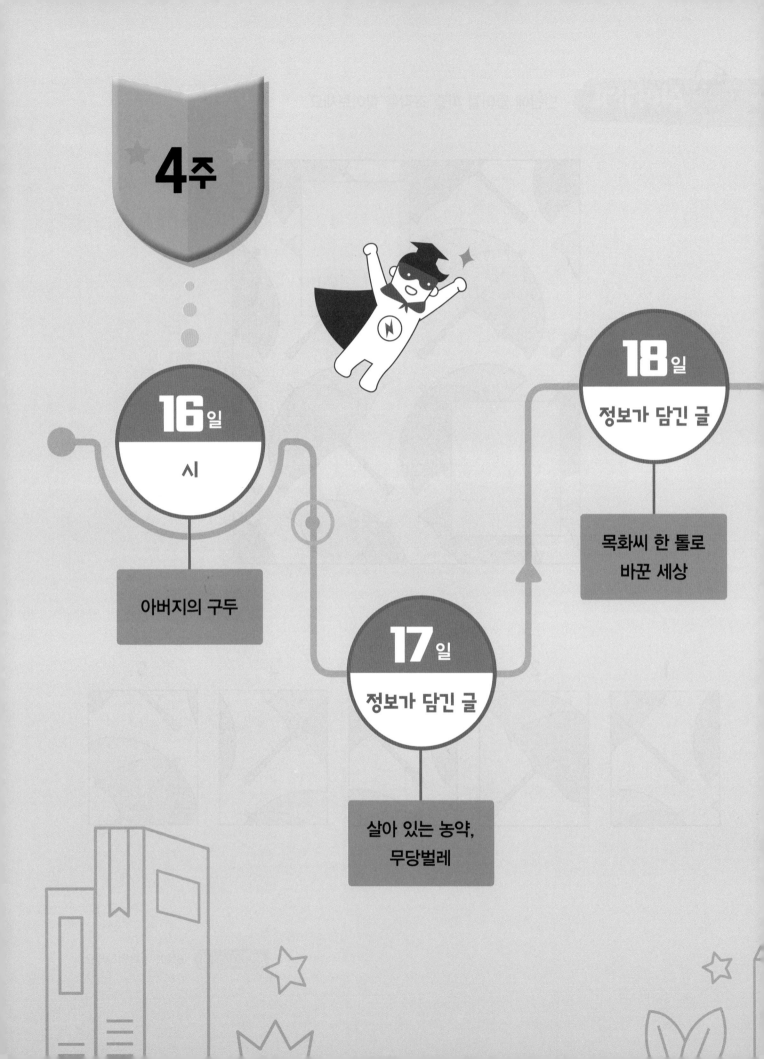

4주

16일
시

아버지의 구두

17일
정보가 담긴 글

살아 있는 농약,
무당벌레

18일
정보가 담긴 글

목화씨 한 톨로
바꾼 세상

20일

최상위 독해

- 귀뚜라미
- 귀뚜라미

- 피카소
- 입체파

19일

의견이 담긴 글

마스크로
안 아픈
예방 접종 하세요

아버지의 구두

한명순

아버지가 벗어 놓은

검정 구두를 닦는다.

나뭇잎에 앉은 먼지를 닦아 내듯

조심스레 낡은 구두를 닦는다.

아버지의 주름진 구두를 들여다보면

뿌연 먼지 뒤집어쓴 아스팔트가 보이고,

가로수 낙엽이 깔린 보도 블록이 보이고,

*막다른 골목

껌뻑이는 가로등 불빛에

잠시 흔들리시는 모습이 보인다.

나는 ㉠허연 *성에를 지우듯

검정 구두 주름 사이에 낀 먼지를

후후, 정성스레 닦아 낸다.

* 막다른: 더 나아갈 수 없도록 앞이 막혀 있는.

* 성에: 기온이 영하일 때 유리나 벽 등에 수증기가 허옇게 얼어붙은 것.

1

이 시에서 '내'가 있는 장소로 알맞은 것에 ○표 하세요.

> 집   목욕탕   골목길   신발 가게

2

내용 이해

이 시의 내용으로 알맞은 것을 모두 고르세요. (   )

① '나'는 아버지의 구두를 닦았다.

② 아버지의 검정 구두는 낡고 찢어져 있었다.

③ '나'는 아버지가 다니셨을 곳들을 상상해 보았다.

④ 아버지의 구두 주름 사이에는 먼지가 끼어 있었다.

⑤ 아버지께서 '나'에게 구두를 닦아 달라고 부탁하셨다.

3

내용 이해

'내'가 아버지의 구두를 닦으며 떠올린 모습이 <u>아닌</u> 것에 ×표 하세요.

(1) 먼지 낀 아스팔트를 걷는 아버지의 모습   (   )

(2) 낙엽이 깔린 시골 흙길을 걷는 아버지의 모습   (   )

(3) 가로등이 깜빡이는 막다른 골목길에 서 있는 아버지의 모습   (   )

4

어휘·표현

다음은 이 시에 나온 낱말의 뜻을 국어사전에서 찾은 것입니다. 어떤 낱말인지 찾아 쓰세요.

> 입을 동글게 오므려 내밀고 입김을 많이 자꾸 내뿜는 소리. 또는 그 모양.

(   )

5 이 시에서 '내'가 나타내고자 하는 생각은 무엇일까요? (   )

주제

① 바쁘신 아버지에 대한 미움
② 고생하시는 아버지에 대한 사랑
③ 멀리 계신 아버지에 대한 그리움
④ 오랜만에 만난 아버지에 대한 어색함
⑤ 아버지의 구두가 더러운 것에 대한 실망감

6 ㉠과 바꾸어 쓸 수 있는 표현으로 알맞은 것의 기호를 쓰세요.

적용·창의

> ㉮ 땅바닥에 공을 튕기듯   ㉯ 잘못 쓴 글자를 지우듯
> ㉰ 바람에 머리카락이 날리듯   ㉱ 손가락으로 책상을 두드리듯

(   )

7 다음은 '내'가 쓴 일기입니다. 시의 내용을 생각할 때, 빈칸에 들어갈 말로 알맞은 것에 ○표 하세요.

적용·창의

> 날짜와 요일: 20○○년 5월 8일 일요일   날씨: 구름이 가득
>
> **아버지의 구두**
>
>   오늘 아버지의 검정 구두를 닦았다. 아버지의 낡은 구두에는 먼지가 많이 쌓여 있었다. 나는 아버지의 모습을 떠올리며 구두를 정성껏 닦았다.
>

(1) 오늘따라 아버지의 구두가 멋있게 느껴진다. 나도 어른이 되면 아버지와 똑같은 구두를 신어야겠다. (   )

(2) 아버지는 가족을 위해 일하시느라 얼마나 힘드실까? 오늘은 아버지께 감사하다는 말씀을 꼭 전해야겠다. (   )

📖 어휘력 강화

낱말의 뜻

1 다음 문장에 알맞은 낱말을 (   ) 안에서 골라 ○표 하세요.

⑴ (기름진, 주름진) 바지를 다리미로 다렸다.

⑵ (막다른, 별다른) 길이라 더 갈 수 없었다.

⑶ 자동차는 (뿌연, 투명한) 연기를 일으키며 시골길을 달렸다.

포함하는 말

2 다음 낱말을 모두 포함하는 낱말은 무엇인가요? (   )

| 부츠 | 구두 | 운동화 |

① 옷   ② 장화
③ 신발   ④ 가구
⑤ 학용품

사자성어

3 다음은 이 시의 '내'가 생각한 내용입니다. 빈칸에 들어갈 사자성어에 ○표 하세요.

> '아버지는 가족을 위해 ⬚⬚⬚⬚ 하시며 애를 쓰시는구나.'

⑴ 동분서주(東奔西走) → 동쪽으로 뛰고 서쪽으로 뛴다는 뜻으로, 이리저리 몹시 바쁘게 돌아다님을 이르는 말.   (   )

⑵ 동상이몽(同牀異夢) → 같은 곳에서 자면서 다른 꿈을 꾼다는 뜻으로, 겉으로는 같이 행동하면서도 속으로는 각각 딴생각을 하고 있음을 이르는 말.   (   )

살아 있는 *농약, 무당벌레

1 빨간 딱지날개에 검은 점무늬가 있는 무당벌레를 본 적이 있나요? 사람들은 이 무당벌레를 살아 있는 농약이라고 불러요. 무당벌레를 왜 그렇게 부르는지 알아볼까요?

2 진딧물이나 깍지벌레는 식물의 즙을 빨아먹고 사는 ㉠해로운 곤충이에요. 농작물에 이런 해충이 생기면 농작물이 시들거나 죽어 농사를 짓는 사람들에게 피해를 주지요. 그래서 농사를 짓는 사람들은 해충을 없애기 위해서 농약을 뿌려요. 그런데 무당벌레는 진딧물이나 깍지벌레 같은 해충을 잡아먹기 때문에 농작물에 무당벌레가 있으면 농약을 뿌리지 않아도 해충을 없앨 수 있지요. 무당벌레가 농약과 같은 역할을 하는 거예요.

▲ 진딧물을 먹는 무당벌레

3 그러면 언제부터 무당벌레를 이용해서 해충을 없앴을까요? ㉡1800년대 말 미국의 한 지방에서는 귤나무에 이세리아깍지벌레가 생겨 귤나무가 죽어갔어요. 그 지방에는 이세리아깍지벌레를 잡아먹는 *천적이 없어 해충들이 많이 늘어났지요. 과학자들은 다른 나라에서 이세리아깍지벌레의 천적인 베달리아무당벌레를 구해 와 귤밭에 뿌렸어요. 그러자 금방 이세리아깍지벌레들이 사라졌어요. 사람들은 그 일로 무당벌레가 농약을 대신할 수 있는 *이로운 곤충이라는 것을 알게 되었어요.

* 농약: 농작물에 해로운 벌레, 병균, 잡초 따위를 없애거나 농작물이 잘 자라게 하는 약품.
* 해충: 인간의 생활에 해를 끼치는 벌레를 통틀어 이르는 말.
* 천적: 잡아먹는 동물을 잡아먹히는 동물에 상대하여 이르는 말.
* 이로운: 도움이나 이익이 되는.

1

어휘·표현

㉠과 뜻이 반대인 말을 이 글에서 찾아 쓰세요.

2

짜임

❷문단에서 설명한 중요한 내용을 정리하여 문장을 완성하세요.

• 사람들이 무당벌레를 살아 있는 농약이라고 부르는 까닭은 _____

_____

3

내용 이해

㉡을 해결한 방법은 무엇이었는지 알맞게 설명한 것의 기호를 쓰세요.

> ㉮ 천적인 베달리아무당벌레를 이용했다.
> ㉯ 해충을 없앨 수 있는 농약을 발명했다.
> ㉰ 해충에 강한 굴나무를 다른 나라에서 가져왔다.

(   )

4

내용 이해

이 글을 읽고 알 수 있는 내용이 <u>아닌</u> 것은 무엇인가요? (   )

① 이세리아깍지벌레의 천적

② 무당벌레를 잡아서 기르는 방법

③ 농작물에 피해를 주는 해충의 예

④ 농사를 지을 때 농약을 뿌리는 까닭

⑤ 무당벌레를 이용해서 해충을 없애기 시작한 때

5 이 글의 내용을 통해 짐작할 수 있는 것은 무엇인가요? (　　　)

추론

① 농사를 짓는 것은 매우 쉽다.

② 해충은 다른 나라에 더 많다.

③ 이세리아깍지벌레는 농약으로 없앨 수 없다.

④ 진딧물과 이세리아깍지벌레의 천적은 무당벌레이다.

⑤ 모든 무당벌레는 빨간 딱지날개에 검은 점무늬가 있다.

6 이 글의 제목을 바꾸어 쓸 때 알맞은 것의 기호를 쓰세요.

주제

> ㉮ 농사를 망치는 해충들
>
> ㉯ 숲속의 청소부, 무당벌레
>
> ㉰ 농사를 돕는 고마운 무당벌레

(　　　　　　　)

7 이 글의 내용을 생각할 때, 다음 상황에서 농부가 아이에게 할 말로 알맞은 것에 ○표

적용·창의 하세요.

(1) "무당벌레를 절대 잡으면 안 돼. 무당벌레에게 물리면 아파."　　　(　　　)

(2) "그래, 보이는 대로 다 잡도록 해. 그래야 호박이 잘 자라지."　　　(　　　)

(3) "무당벌레를 놔두렴. 무당벌레가 진딧물을 잡아먹기 때문에 호박이 잘 자라는 데

　　도움이 된단다."　　　(　　　)

낱말의 뜻

1 다음 뜻을 가진 낱말에 ○표 하세요.

(1) 물기가 들어 있는 물체에서 짜낸 액체.　　　　　　　(즙, 찌꺼기)

(2) 인간의 생활에 해를 끼치는 벌레를 통틀어 이르는 말.　　(익충, 해충)

(3) 농작물에 해로운 벌레, 병균, 잡초 따위를 없애거나 농작물
이 잘 자라게 하는 약품.　　　　　　　　　　　　　(농약, 화약)

이어 주는 말

2 빈칸에 들어갈 말로 알맞은 것은 무엇인가요? (　　　)

> 오늘 아침부터 배가 아팠다. 　　　　　　학교에 가지 못했다.

① 그러나　　　　　　　　　　② 그래서
③ 그리고　　　　　　　　　　④ 하지만
⑤ 왜냐하면

속담

3 빈칸에 들어갈 속담으로 알맞은 것에 ○표 하세요.

> 화분에 진드기가 많이 생겼어요. 무당벌레가 있으면 진드기를 잡아먹는다고 하
> 던데……. "　　　　　　　"고 지금 당장 무당벌레를 잡으러 갑시다.

(1) 달면 삼키고 쓰면 뱉는다 → 옳고 그름이나 믿음과 의리를 돌보지 않고 자기의 이
익만 꾀함을 비유적으로 이르는 말.　　　　　　　　　　　　　　(　)

(2) 쇠뿔도 단김에 빼랬다 → 어떤 일이든지 하려고 생각했으면 한창 열이 올랐을 때
망설이지 말고 곧 행동으로 옮겨야 함을 이르는 말.　　　　　　(　)

목화씨 한 톨로 바꾼 세상

문익점은 고려 말 지금의 경상남도 산청군에서 농사꾼의 아들로 태어났어요. 어려서부터 똑똑하여 일찍이 과거 시험에 합격했지요.

문익점이 중국 원나라에 갔을 때예요. 사람들이 *목화로 만든 따뜻한 옷을 입은 것을 보고, 얇은 *베옷 하나로 겨울을 나야 했던 백성들이 생각났어요.

'　　　　　　　㉠　　　　　　　'

그 당시 고려 백성들은 대부분 베옷을 입었는데, 베옷은 겨울에 추위를 막아 주지 못했어요. 양반들은 베옷보다 귀한 비단옷을 입기도 했지만, 비단옷도 겨울에 춥기는 마찬가지였어요.

▲ 목화

문익점은 목화씨를 고향으로 가져와 *장인 정천익과 함께 재배했어요. 처음에는 목화를 어떻게 재배하는지 몰라서 겨우 한 그루만 살릴 수 있었어요. 문익점은 실망하지 않고 노력하여 3년여 만에 재배에 성공했어요. 그런데 이번에는 어떻게 목화에서 실을 뽑아내고 옷감을 짜야 할지 알 수 없었어요. 실패를 계속하고 있을 때, ㉡원나라 승려 홍원에게서 *무명실을 뽑아내는 방법을 배울 수 있었어요. 이후 무명실로 옷감을 만드는 것도 성공했어요. 무명은 베보다 따뜻하고 부드러우며 만드는 법도 훨씬 쉬웠어요.

이후 목화 재배가 널리 퍼졌고 무명으로 옷을 해 입는 백성들이 늘어났어요. ㉢목화씨 한 톨이 세상을 바꾼 거예요.

▲ 무명실

* 목화: 가을에 흰색 또는 노란색 꽃이 피고 열매가 익으면 껍질 안에서 솜의 원료가 되는 흰색의 털이 붙은 씨가 나오는 농작물. 솜털은 모아서 솜이나 실, 천을 만듦.
* 베옷: 삼베(삼이라는 풀을 이용해서 짠 누런 천)로 지은 옷.
* 장인: 아내의 아버지를 이르는 말.
* 무명실: 목화솜에서 뽑은 실.

1

주제

이 글의 주인공은 누구인지 쓰세요.

2

내용 이해

이 글에서 알 수 있는 내용이 <u>아닌</u> 것의 기호를 쓰세요.

㉮ 문익점은 언제 어디에서 태어났나요?

㉯ 문익점이 원나라에 간 까닭은 무엇인가요?

㉰ 문익점이 목화를 재배하려고 한 까닭은 무엇인가요?

㉱ 문익점이 목화를 재배하여 옷감을 얻는 과정은 어떠했나요?

(　　　　　　　　　)

3

추론

㉠에 들어갈 문익점의 생각으로 알맞은 것에 ○표 하세요.

(1) 여름에는 목화로 만든 옷보다 베옷이 더 시원할 거야.　　　　(　　　)

(2) 우리나라로 돌아가지 말고 그냥 여기에서 살아야겠다.　　　　(　　　)

(3) 우리나라에서 목화를 재배할 수 있다면 얼마나 좋을까!　　　　(　　　)

4

어휘·표현

㉡과 같은 뜻의 문장이 되도록 o 보기 o에서 알맞은 말을 찾아 빈칸에 쓰세요.

o 보기 o　　　　　　가르쳐　　　발명해　　　퍼뜨려

• 원나라 승려 홍원이 무명실을 뽑아내는 방법을 　　　　　주었어요.

5 추론

이 글을 읽고 ⓒ에 대해 알맞게 짐작한 친구의 이름을 쓰세요.

목화씨가 양반의 삶을 편리하게 해 주어서 양반의 세상이 바뀌었다는 뜻이야.

지우

목화씨가 문익점을 유명하게 해 주어서 문익점의 삶이 바뀌었다는 뜻이야.

서준

목화씨가 옷뿐만 아니라 백성의 삶에도 도움을 주어 세상이 바뀌었다는 뜻이야.

효주

(   )

6 내용 이해

이 글의 내용으로 알맞은 것은 무엇인가요? (   )

① 비단옷은 임금만 입었다.

② 문익점이 가져온 목화씨 모두 재배에 성공했다.

③ 백성들은 무명으로 옷을 해 입는 것을 싫어했다.

④ 고려 말 백성들이 주로 입은 베옷은 별로 따뜻하지 않았다.

⑤ 목화씨를 고향으로 가져온 문익점은 홍원과 목화 재배를 했다.

7 적용·창의

이 글을 읽고 친구들에게 문익점에 대해 한 문장으로 소개하려고 합니다. 가장 알맞은 것의 기호를 쓰세요.

㉮ 자연을 지키기 위해 애쓴 분이야.

㉯ 가난한 사람을 위해 평생을 바친 분이야.

㉰ 고려 백성에게 따뜻한 겨울을 선물해 준 분이야.

(   )

어휘력 강화

낱말의 뜻

1 다음 낱말에 알맞은 뜻을 찾아 선으로 이으세요.

(1) 백성 •

(2) 장인 •

(3) 승려 •

• ㉮ 옛날에 '국민'을 이르던 말.

• ㉯ 아내의 아버지를 이르는 말.

• ㉰ 절에 살면서 불교의 의식을 치르고 부처의 가르침을 실천하는 사람.

부정 표현

2 다음 두 문장이 같은 뜻이 되도록 빈칸에 알맞은 말을 ○보기○에서 찾아 쓰세요.

○보기○   잘   꼭   못

• 베옷은 겨울에 추위를 막아 주지 못했어요.

• 베옷은 겨울에 추위를 ☐ 막아 주었어요.

사자성어

3 빈칸에 들어갈 사자성어로 알맞은 것에 ○표 하세요.

문익점은 목화씨를   정성껏 키웠어요.

(1) 애지중지(愛之重之) → 매우 사랑하고 소중히 여기는 모양을 뜻하는 말. (   )

(2) 구사일생(九死一生) → 아홉 번 죽을 뻔하다 한 번 살아난다는 뜻으로, 죽을 고비를 여러 차례 넘기고 겨우 살아남을 이르는 말.   (   )

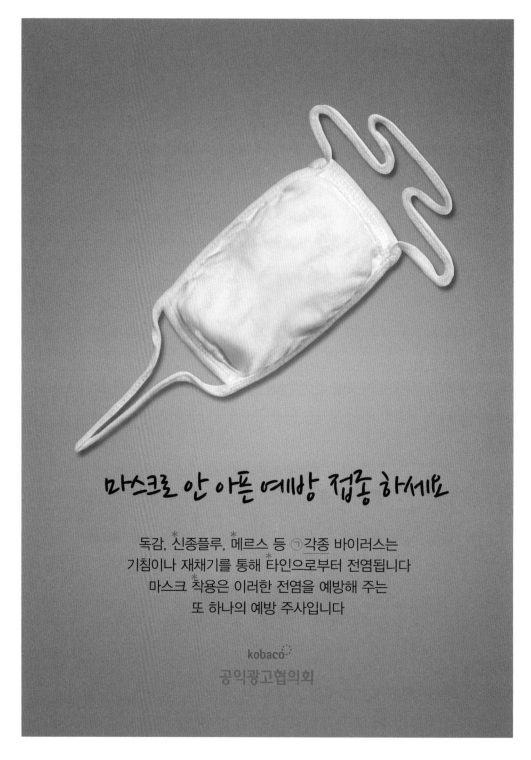

마스크로 안 아픈 예방 접종 하세요

독감, *신종플루, *메르스 등 ㉠각종 바이러스는
기침이나 재채기를 통해 *타인으로부터 전염됩니다
마스크 *착용은 이러한 전염을 예방해 주는
또 하나의 예방 주사입니다

kobaco
공익광고협의회

* 신종플루: 2009년에 전 세계적으로 유행했던 감기.
* 메르스: 중동 지역을 중심으로 주로 감염자가 발생하는 호흡기 질환.
* 타인: 다른 사람.
* 착용: 옷, 모자, 신발, 액세서리 따위를 입거나, 쓰거나, 신거나, 차거나 함.

1

주제

이 광고를 만든 까닭은 무엇일까요? (   )

① 건강의 중요성을 알리려고

② 예방 접종의 필요성을 알리려고

③ 바이러스의 종류를 알려 주려고

④ 마스크 착용의 중요성을 알리려고

⑤ 마스크를 올바르게 쓰는 방법을 알려 주려고

2

내용 이해

마스크를 착용하면 어떤 점이 좋다고 했는지 빈칸에 알맞은 말을 쓰세요.

| | | | | 가 | | | 되는 것을 예방해 준다. |

3

추론

마스크 착용을 '안 아픈 예방 접종'이라고 한 까닭으로 알맞은 것의 기호를 쓰세요.

㉮ 마스크는 아프지 않기 위해서 쓰는 것이기 때문에

㉯ 마스크는 아프지 않은 사람들이 써야 더 좋기 때문에

㉰ 마스크를 쓰는 것은 주사처럼 아프지 않고 전염병도 막아 주기 때문에

(   )

4

어휘·표현

㉠'각종'과 뜻이 비슷하여 바꾸어 쓸 수 있는 말을 두 가지 고르세요. (   )

① 각가지   ② 똑같은

③ 서로 비슷한   ④ 여러 종류의

⑤ 몇 가지 안 되는

5 [비판] 이 광고를 읽고 말한 내용이 알맞은 친구의 이름을 쓰세요.

태환: 사실과 다른 내용을 말해서 읽고 싶지 않아.

성빈: 마스크를 주사기 모양으로 표현해서 광고에 담긴 생각이 더 잘 와닿아.

민재: 글이 너무 길어서 어떤 생각을 전하려고 하는지 도저히 알 수가 없어.

(   )

6 [적용·창의] 이 광고를 만든 사람이 주장하는 글을 쓸 때의 제목으로 가장 알맞은 것의 기호를 쓰세요.

㉮ 마스크가 답이다!

㉯ 기침 예절을 지키자

㉰ 내 몸의 적, 바이러스

㉱ 예방 접종으로 가족의 건강을 지키자

(   )

7 [적용·창의] 사람들이 마스크를 잘 써서 전염병이 유행하지 않도록 하려면 어떤 내용을 더 알려 주는 것이 좋을지 알맞은 것을 두 가지 고르세요. (   )

① 마스크의 역사

② 올바른 마스크 착용법

③ 마스크를 만드는 과정

④ 사용한 마스크를 버리는 방법

⑤ 우리나라와 다른 나라 마스크의 비슷한 점과 다른 점

어휘력 강화

1 빈칸에 알맞은 낱말을 ○보기○에서 찾아 쓰세요.

> ○ 보기 ○   착용   타인   전염

(1) (   )의 물건을 함부로 만지지 않아야 한다.

(2) 가족들에게 독감을 (   )시키지 않도록 노력했다.

(3) 바다에 들어갈 때에는 구명조끼를 (   )하는 것이 좋다.

조사

2 빈칸에 공통으로 들어갈 말로 알맞은 것은 무엇인가요? (   )

> • 이 책█ 주인은 내 동생이다.   • 언니█ 얼굴에 웃음꽃이 피었다.

① 은   ② 을   ③ 의

④ 이   ⑤ 도

관용어

3 빈칸에 들어갈 관용어로 알맞은 것에 ○표 하세요.

> 독감이 잘 걸리는 계절이 되자, 마스크가 ▭▭▭▭ 팔렸다.

(1) 눈에 불을 켜고 → 몹시 욕심을 내거나 관심을 기울인다는 뜻.   (   )

(2) 날개가 돋친 듯이 → 인기가 있어 빠른 속도로 팔려 나간다는 뜻.   (   )

(3) 뜸을 들이며 → 일이나 말을 얼른 하지 않고 사이를 두거나 머뭇거린다는 뜻.

(   )

가 [   ]

최승호

● 지문의 난이도
상 중 **하**

● 문제의 난이도
상 중 **하**

라미 라미   가을이라고
*맨드라미   가을이 왔다고 우네

라미 라미   라미 라미
*쓰르라미   동그라미

맨드라미 지고   동그란
귀뚜라미 우네   보름달

나 [   ]

김명숙

우리 동네 놀이터 풀숲 속에서
귀뚜라미 귀뚤귀뚤 울어 댑니다
낮 동안 뛰어놀던 아이들 생각에
잠 못 든 귀뚜라미 울어 댑니다

▶ **낱말 뜻**

*맨드라미: 비름과의 한해살이풀. 7~8월에 닭의 볏 모양의 꽃줄기에 붉은색, 노란색, 흰색 따위의 꽃이 핌.
*쓰르라미: 매밋과의 곤충. 어두운 황록색에 검은 얼룩무늬가 있음. 몸통 가운데에는 팔(八)자 무늬가 있고 배 쪽은 검은 갈색임.

1

주제

시 **가**와 **나**에 공통으로 붙일 수 있는 제목은 무엇인가요? (　　　　)

① 보름달　　　　　　　　　　② 귀뚜라미

③ 라미 라미　　　　　　　　　④ 가을 하늘

⑤ 풀숲의 아이들

2

짜임

시 **가**와 **나**에 대한 설명으로 알맞지 <u>않은</u> 것에 ×표 하세요.

(1) 시 **가**에는 계절의 변화가 나타나 있다. 　　　　　　　　　　　(　　　　)

(2) 시 **가**와 **나** 모두 반복되는 말이 쓰였다. 　　　　　　　　　　(　　　　)

(3) 시 **나**는 흉내 내는 말을 사용하여 재미있다. 　　　　　　　　　(　　　　)

(4) 시 **가**와 **나** 모두 묻고 대답하는 형식으로 되어 있다. 　　　　(　　　　)

3

내용 이해

시 **가**와 **나**에서 귀뚜라미가 우는 까닭은 각각 무엇이라고 했는지 쓰세요.

(1) 시 **가**: (　　　　　　　　　　　　　　　　　　　　　　　　　　　)

(2) 시 **나**: (　　　　　　　　　　　　　　　　　　　　　　　　　　　)

4

감상

시 **가**와 **나**를 읽고 생각이나 느낌을 알맞게 말하지 <u>못한</u> 친구의 이름을 쓰세요.

> 도경: 시 **가**를 읽으니까 같은 말로 끝나는 낱말 잇기 놀이를 하고 싶어.
>
> 유연: 시 **나**에서 귀뚜라미는 낮에 아이들에게 잡힐 뻔해서 무서웠을 것 같아.
>
> 민재: 시 **가**와 **나**를 읽으면 밤에 풀숲에서 울고 있는 귀뚜라미의 모습이 떠올라.

(　　　　　　　　　)

●지문의 난이도
상 중 하

●문제의 난이도
상 중 하

가

피카소는 다른 화가들처럼 눈에 보이는 것을 그대로 그리지 않았어. 최고의 화가가 되려면 남들과는 다르게 그려야 한다고 생각했지.

피카소는 세잔의 그림과 아프리카 가면에서 아이디어를 얻었어. 세잔은 사물을 보이는 대로 그리지 않고 단순하게 그렸는데 그 느낌이 새로웠지. 아프리카 가면은 눈, 코, 입을 단순하게 표현하고 다른 부분은 *과감하게 생략했어. 일부러 입이나 코를 *뒤틀린 모양으로 만들기도 했지.

피카소가 자기만의 그림을 그리기로 마음먹고 그린 작품이 「아비뇽의 아가씨들」이야. 친구들은 그림을 보고 이상하다고 했지만 피카소는 생각을 굽히지 않았어. 한 걸음 더 나아가 사람 얼굴을 〔 ㉠ 〕 퍼즐 조각을 맞춘 것처럼 그리기도 했지.

▲ 아비뇽의 아가씨들

사람들이 피카소의 그림을 좋아하게 되면서 그림에 대한 화가들의 생각도 달라지기 시작했어. 그전에는 〔 ㉡ 〕 그리려고 했는데 그 뒤로는 〔 ㉢ 〕 단순하게 표현하거나 독특한 방법으로 그리게 되었어.

나

입체주의는 1900년대 초에 프랑스 파리에서 일어난 *미술 운동으로, 사물을 *입체적으로 나타내려고 했어. 대표적인 화가로는 피카소, 브라크가 있어. 이들을 입체파라고 불러. 입체파는 사물을 한 방향이 아니라 여러 방향에서 본 모습을 모으면 더 잘 이해한다고 생각했어. 그래서 사물의 위, 아래, 옆 등 다양한 모습을 한 화면에 그렸지. 그리고 작품에 신문, 잡지, 벽지 등을 붙이는 콜라주를 이용했어.

5 피카소에 대한 설명으로 알맞은 것을 모두 고르세요. (   )

내용 이해

① 세잔의 영향을 받았다.

② 처음부터 인정받는 화가였다.

③ 1900년대 초에 활동했던 화가이다.

④ 입체파의 작품을 비판하는 데 앞장섰다.

⑤ 「아비뇽의 아가씨들」이라는 작품을 그렸다.

6 ㉠에 들어갈 말로 알맞은 것에 ○표 하세요.

어휘·표현

| 마치 | 만약 | 설마 |

7 ㉡과 ㉢에 알맞은 말을 보기에서 찾아 각각 기호를 쓰세요.

추론

○ 보기 ○   ㉮ 보이는 대로   ㉯ 화가의 생각대로

(1) ㉡: (   )   (2) ㉢: (   )

8 피카소의 그림으로 짐작할 수 있는 것에 ○표 하세요.

적용·창의

(1)

(   )

(2)

(   )

❶		❷		❸	❹
			❺		
			❻		
		❼			

가로 →

❶ 목화솜에서 뽑은 실.
　예 ○○○로 이불을 꿰매다.

❸ 나라의 근본을 이루는 일반 국민을 예스럽게 이르는 말.

❻ 어떤 일을 해 나가거나 목적을 이루기 위하여 택하는 수단이나 방식.
　예 소화기 사용 ○○

❼ 농사 짓는 일을 직업으로 하는 사람이라는 뜻으로 '농부'를 달리 이르는 말.
　예 부지런한 ○○○

세로 ↓

❶ 작고 둥근 몸과 붉은 바탕에 검은 점무늬의 단단한 날개를 가진 곤충.

❷ 일을 잘못하여 뜻한 대로 되지 아니하거나 그르침.

❹ 기온이 영하일 때 유리나 벽 등에 수증기가 허옇게 얼어붙은 것.
　예 ○○가 끼다.

❺ 전염병을 미리 막기 위해 백신을 넣은 주사를 맞는 일. 또는 그런 주사.
　예 ○○○○를 놓다.

정답 및 해설 16쪽에서 확인하세요.

빈칸에 들어갈 퍼즐 조각을 찾아보세요.

㉠

㉡

1

2

3

4

5

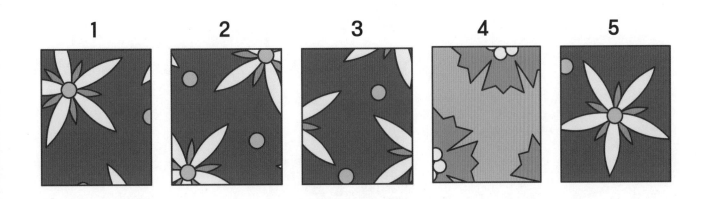

정답 및 해설 16쪽에서 확인하세요.

5주

21일
이야기

윤회와 진주를
삼킨 거위

22일
정보가 담긴 글

비행기를 오래
탈 때 주의할 점

23일
정보가 담긴 글

농사와 관련이
있는 말

25일

최상위 독해

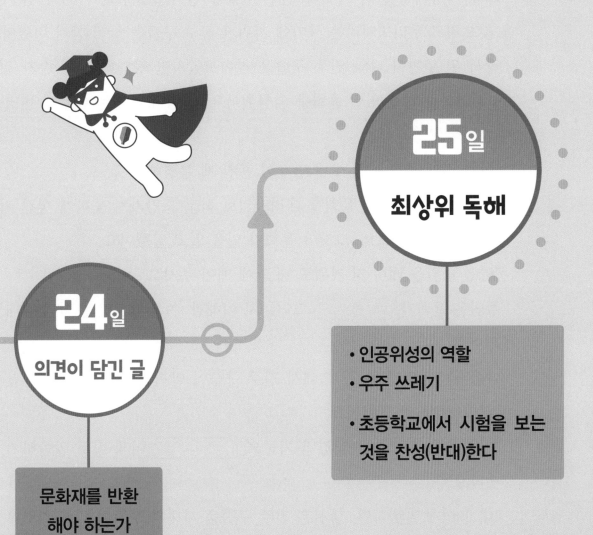

24일

의견이 담긴 글

문화재를 반환
해야 하는가

• 인공위성의 역할
• 우주 쓰레기

• 초등학교에서 시험을 보는
  것을 찬성(반대)한다

윤회와 진주를 삼킨 거위

옛날에 윤회라는 선비가 살았어요. 윤회는 세종 대왕이 아끼던 학자예요.

어느 날, *주막에서 하룻밤을 묵게 된 윤회가 저녁을 먹고 잠시 마당에 나와 있었어요.

그때 마당에서 놀던 아이가 진주 구슬을 떨어뜨렸어요. 아이가 진주 구슬을 찾으려고 두리번거리는 사이에 거위가 진주 구슬을 꿀꺽 삼켜 버렸어요.

잠시 뒤 주인이 나와 진주 구슬을 찾아보았지만 당연히 찾을 수가 없었지요. 주인은 마당에 있던 윤회를 의심했어요. 그러나 윤회는 아무런 변명을 하지 않았어요.

"아무 말도 못하는 걸 보니 당신이 훔친 게 분명해."

주인은 내일 *관가에 윤회를 데려가기로 하고 도망가지 못하게 *헛간 기둥에 밧줄로 꽁꽁 묶었어요. 그제야 윤회가 입을 열고 말했어요.

"얌전히 있을 테니 저 거위도 내 옆에 매어 주시오."

주인은 윤회가 (㉠) 그러는지 이해할 수 없었지만 윤회의 말대로 해 주었어요.

다음 날, 거위가 눈 똥 속에서 진주 구슬이 발견되었어요. 깜짝 놀란 주인은 부끄러워하며 말했어요.

"거위가 진주 구슬을 삼켰던 거군요. (㉡) 어제 바로 말씀하지 않으셨나요?"

"내가 어제 말했다면, 당신은 진주 구슬을 꺼내려고 거위 배를 갈랐을 것이오. 그러면 거위가 불쌍하게 죽었을 거요."

주인은 윤회의 말을 듣고 머리 숙여 고마워했어요.

---

*주막: 시골 길가에서 밥과 술을 팔고, 돈을 받고 나그네를 묵게 하는 집.
*관가: 벼슬아치들이 나랏일을 보던 집.
*헛간: 막 쓰는 물건을 쌓아 두는 창고.

1 이야기가 펼쳐지는 장소는 어디인지 쓰세요.

내용 이해

2 이 글의 내용과 <u>다른</u> 것을 두 가지 고르세요. (   )

내용 이해

① 거위가 진주 구슬을 삼켰다.

② 아이가 마당에서 진주 구슬을 떨어뜨렸다.

③ 윤회는 거위가 진주 구슬을 삼킨 것을 주인에게 말했다.

④ 윤회는 진주 구슬을 삼킨 거위를 자기 옆에 매어 달라고 했다.

⑤ 주인은 진주 구슬을 찾으려고 윤회를 바로 관가에 데리고 갔다.

3 ㉠, ㉡에 공통으로 들어갈 말로 알맞은 것에 ○표 하세요.

어휘·표현

왜   언제   어디에서

4 이 글의 전체 내용이 드러나도록 나머지 문장을 완성하세요.

짜임

• 윤회가 주인에게 거위가 진주 구슬을 삼킨 것을 말하지 않아서 _____

_____

5 이 글에 나오는 윤회의 생각으로 알맞은 것을 두 가지 고르세요. (   )

주제

① 동물의 생명도 중요하다.

② 맡은 일은 최선을 다해 해내야 한다.

③ 무슨 일이 있어도 거짓말을 하면 안 된다.

④ 어려운 일이 생겨도 지혜롭게 해결할 수 있다.

⑤ 나를 함부로 대하는 사람에게는 그대로 갚아 주어야 한다.

6 다음은 이 글에 나오는 인물 중 누구에게 하고 싶은 말을 한 것인지 ○표 하세요.

감상

> 수영: 다른 사람을 함부로 의심하면 안 돼요.
>
> 예지: 고마운 마음이 들 때 진심을 다해 표현하는 것은 좋아요.

(1) 윤회 (   )　　　　　　(2) 주인 (   )

(3) 아이 (   )　　　　　　(4) 거위 (   )

7 이 글에서 윤회가 한 일을 생각할 때, 다음 상황에서 윤회라면 어떤 말을 했을지 알맞은 것에 ○표 하세요.

적용·창의

거위가 하루에 하나씩 황금 알을 낳네!

(1) "거위가 낳은 황금 알은 우리 가족을 위해서만 써야겠어."　　　　　　(   )

(2) "거위 배 속에 황금 알이 많이 있을 테니까 거위 배를 갈라야지."　　　　　　(   )

(3) "거위 배를 가르면 황금 알이 더 많을지도 몰라. 그렇지만 거위의 목숨도 소중하니까 욕심을 부리지 말아야지."　　　　　　(   )

어휘력 강화

낱말의 뜻

1 다음 문장에 알맞은 낱말을 (   ) 안에서 골라 ○표 하세요.

(1) 친구 집에서 하루를 (묵었다, 적었다).

(2) (헛간, 시간)을 고쳐서 아빠의 작업실로 만들었다.

(3) 동생은 잘못을 인정하지 않고 (변덕, 변명)을 늘어놓았다.

흉내 내는 말

2 빈칸에 알맞은 흉내 내는 말을 ○보기○에서 찾아 쓰세요.

○ 보기 ○	깜짝	꽁꽁	꿀꺽

(1) 하나 남은 과자를 (   ) 삼켰다.

(2) 풍선이 갑자기 터져서 모두 (   ) 놀랐다.

(3) 도둑이 도망가지 못하게 손과 발을 (   ) 묶어 두었다.

사자성어

3 밑줄 친 부분과 관련 있는 사자성어에 ○표 하세요.

> 윤회의 기다림과 지혜로 <u>주인은 구슬도 찾고 거위도 살릴 수 있었다.</u>

(1) 유유상종(類類相從) → 같은 무리끼리 서로 사귄다는 말.   (   )

(2) 일석이조(一石二鳥) → 돌 한 개를 던져 새 두 마리를 잡는다는 뜻으로, 동시에 두 가지 이득을 봄을 이르는 말.   (   )

1 2020년 전 세계에 퍼진 코로나바이러스감염증-19(COVID-19) 때문에 비행기를 타고 멀리 여행 가는 일이 힘들었지요? 외출이나 여행이 자유롭지 못해 '상황이 좋아지면 가족들과 비행기를 타고 여행 가야지!' 하고 즐거운 상상을 한 친구들도 있을 거예요. 오늘은 다가올 그날을 위해 비행기를 오래 탈 때 주의할 점을 알아보아요.

2 비행기가 이륙하거나 착륙할 때에는 귀가 *먹먹해지면서 아플 수 있어요. 이럴 때에는 껌을 씹거나 사탕을 먹으면 도움이 돼요. 또 일부러 하품을 하거나 코를 손으로 막고 입을 다문 후 내쉬는 숨을 쉬는 것도 도움이 되지요.

3 비행기는 꽉 막힌 공간이고 많은 사람이 함께 이용하기 때문에 공기가 매우 *건조하고 감기나 *호흡기 질환에 걸릴 위험이 커요. 그래서 비행기 안에서는 물이나 주스를 자주 마시는 게 좋아요. 또 손을 자주 씻고 마스크를 쓰는 것도 도움이 돼요.

4 비행기 좌석에 다리를 구부린 채 오래 앉아 있다 보면 혈액 순환이 잘 안 돼요. 그래서 '이코노미 클래스 증후군'이란 게 생길 수도 있어요. 산소량이 부족한 비행기 안에서 오랫동안 같은 자세로 앉아 있으면 *혈관 속 혈액 일부가 굳어서 혈관을 막을 수 있어요. 심하면 생명을 잃을 수도 있어서 조심해야 해요. 이런 끔찍한 사고를 막으려면 1~2시간에 한 번씩 일어나서 몸을 조금씩 움직여야 해요. 걷거나 맨손체조를 하는 게 좋은데, 특히 다리를 주무르거나 발을 앞뒤로 굽혔다 폈다 하면서 스트레칭을 해 주면 도움이 돼요.

*먹먹해지면서: 갑자기 귀가 막힌 듯이 소리가 잘 들리지 않게 되면서.
*건조하고: 말라서 습기가 없고.
*호흡기 질환: 호흡 작용을 맡은 기관에 생기는 병.
*혈관: 피가 흐르는 관. 동맥, 정맥, 모세 혈관으로 나눔.

1 주제

이 글에서 가장 중심이 되는 내용은 무엇인가요? (   )

① 비행기가 나는 원리

② 비행기를 오래 탈 때 주의할 점

③ 비행기를 탈 때 지켜야 할 예절

④ 비행기를 타고 가는 여행의 즐거움

⑤ 코로나바이러스감염증-19의 위험성

2 내용 이해

다음은 무엇에 대해 설명하는 것인지 글에서 찾아 쓰세요.

> 비좁은 공간에서 같은 자세로 오랫동안 앉아 있을 때 혈관 속 혈액 일부가 굳어서 혈관을 막아 일어나는 질환

3 어휘·표현

이 글에서 다음 낱말과 반대의 뜻으로 쓰인 낱말을 각각 찾아 쓰세요.

(1) 이륙 –

(2) 굽혔다 –

4 짜임

이 글의 짜임을 생각할 때, 다음 내용이 들어가기에 알맞은 부분에 ○표 하세요.

> 이제까지 알려 준 주의 사항을 실천해서 비행기를 안전하게 탈 수 있도록 해 보아요.

(**1**, **2**, **3**, **4**)문단의 뒤

5 추론

이 글을 읽고 짐작한 내용으로 알맞은 것에 ○표 하세요.

> ㉮ 물이나 주스를 많이 마시면 감기에 절대 걸리지 않는다.
>
> ㉯ 집에서 귀가 아플 때에도 껌을 씹거나 사탕을 먹으면 된다.
>
> ㉰ 운전을 오래 해야 할 때에도 1~2시간에 한 번씩 쉬면서 스트레칭하는 게 좋다.

(   )

6 비판

이 글을 읽고 아쉬운 점을 알맞게 말한 친구는 누구인지 쓰세요.

비행기가 이륙하거나 착륙할 때 왜 귀가 먹먹해지는지 알려 주었으면 더 좋았을 것 같아.

지우

이코노미 클래스 증후군을 막기 위해 어떤 체조를 해야 하는지 구체적으로 알려 주지 않아서 아쉬워.

채운

(   )

7 적용·창의

이 글을 읽고 비행기를 이용한 방법이 알맞은 친구를 모두 고르세요. (   )

① 현서: 비행기를 타기 전에만 물을 마셨어.

② 영찬: 한 시간에 한 번씩 일어나서 통로를 걸어다녔어.

③ 서진: 비행기가 올라갈 때 귀가 아파서 일부러 하품을 했어.

④ 채림: 비행기에서 주는 밥을 먹기 전에 손을 깨끗이 씻었어.

⑤ 재열: 비행기에서 5시간 동안 잠을 잤는데, 똑같은 자세로만 앉아 있었어.

어휘력 강화

낱말의 뜻

1 다음 문장에 알맞은 낱말을 (   ) 안에서 골라 ○표 하세요.

(1) 방 안이 너무 (건조해서, 더러워서) 가습기를 틀었다.

(2) 높은 산에 올라갔더니 귀가 (막막해졌다, 먹먹해졌다).

(3) 뉴스에서는 (깜찍한, 끔찍한) 사고 소식을 전하고 있었다.

맞춤법

2 밑줄 친 낱말을 맞춤법에 맞게 고쳐 쓰세요.

(1)   생일 선물로 받은 시계를 <u>이러버렸다</u>.   (   )

(2)   동생은 제자리에 가만히 <u>안자</u> 있지 못한다.   (   )

속담

3 빈칸에 들어갈 속담으로 알맞은 것에 ○표 하세요.

> 비행기를 타고 있을 때에는 가급적 안전벨트를 하고 있는 게 좋아. 　　　　 처럼 갑자기 비행기가 흔들려서 다칠 수도 있어.

(1) 마른 하늘에 날벼락 → 뜻하지 않은 상황에서 뜻밖에 입는 재난을 이르는 말.

( )

(2) 우물 안 개구리 → 넓은 세상의 형편을 알지 못하는 사람을 비유적으로 이르는 말.

( )

⟨ ㉠ ⟩와 관련이 있는 말

너희들 한 번쯤 까불다 혼난 적 있지? '까불다'는 가볍고 조심성 없이 함부로 행동하거나 건방지게 행동할 때 쓰는 말이야. 이 말은 농사 도구 중 하나인 키와 관련이 있어. 예전에는 *쭉정이나 *티끌을 걸러 내기 위해서 곡식을 키에 올려놓고 위아래로 흔들었

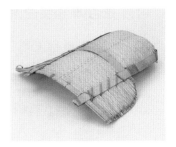

▲ 키

어. 이렇게 하는 것을 '까부르다'라고 하는데 '까부르다'의 줄임 말이 바로 '까불다'야. 키를 위아래로 바쁘게 움직이는 행동을 뜻했던 '까불다'가 차분하지 못하고 가볍게 행동한다는 뜻으로까지 확대된 거야.

마음이 조마조마하고 초조할 때 '조바심이 나다'라고 말하지? '조바심'에서 '바심'은 곡식의 낟알을 털어 내는 일을 말해. 그러니까 '조바심'은 조의 낟알을 털어 내는 일을 말하는 거야. 그런데 조는 낟알이 질겨서 잘 떨어지지 않아. 아주 열심히 비비고 문질러야

▲ 조

간신히 얻을 수 있어. 그러다 보니 조바심을 할 때는 마음대로 되지 않아 힘이 들고 마음이 초조해지기만 해. 그래서 '조바심이 나다'는 일이 뜻대로 되지 않을까 봐 마음을 *졸인다는 뜻이 됐어.

반면 깨를 터는 일은 매우 쉬워. 조바심과는 ⟨ ㉡ ⟩. 깨는 살짝 털기만 해도 알이 잘 떨어져서 깨를 터는 재미가 엄청 좋아. 그래서 즐겁고 재미난 일을 *'깨가 쏟아지다'라고 표현해.

---

*쭉정이: 껍질만 있고 속에 알맹이가 들지 아니한 곡식이나 과일 따위의 열매.
*티끌: 티(먼지처럼 아주 잔 부스러기)와 먼지를 통틀어 이르는 말.
*털어: 달려 있는 것, 붙어 있는 것 따위가 떨어지게 흔들거나 쳐.
*졸인다는: (주로 '마음', '가슴' 따위와 함께 쓰여) 속을 태우다시피 초조해한다는.
*깨가 쏟아지다: 오붓하거나 몹시 아기자기하여 재미가 나다.

1

주제

㉠에 들어갈 말로 알맞은 것은 무엇인가요? (   )

① 날씨   ② 소리

③ 농사   ④ 놀이

⑤ 생김새

2

내용 이해

'까불다'에 대한 설명으로 알맞지 <u>않은</u> 것은 무엇인가요? (   )

① '까부르다'를 줄여서 쓴 말이다.

② 농사 도구 키와 관련이 있는 말이다.

③ 키를 위아래로 움직인다는 뜻으로만 쓰이고 있다.

④ 차분하지 못하고 가볍게 행동하는 것을 뜻하는 말이다.

⑤ 쭉정이나 티끌을 걸러 내기 위해 키를 까부르던 것에서 나온 말이다.

3

추론

㉡에 들어갈 말로 알맞은 것은 무엇인가요? (   )

① 똑같지   ② 반대지

③ 비슷하지   ④ 관련이 있지

⑤ 차이가 없지

4

어휘·표현

다음 뜻을 가진 낱말을 글에서 찾아 쓰세요.

> 껍질을 벗기지 아니한 곡식의 알.

5 이 글에서 설명한 내용을 정리한 것입니다. 빈칸에 알맞은 내용을 쓰세요.

짜임

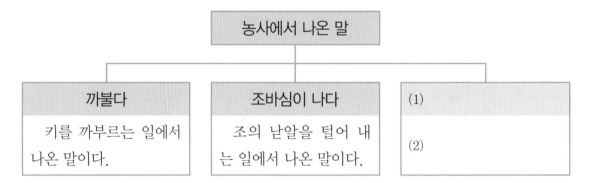

	농사에서 나온 말	
까불다	**조바심이 나다**	(1) (2)
키를 까부르는 일에서 나온 말이다.	조의 낟알을 털어 내는 일에서 나온 말이다.	

6 이 글에서 설명한 말을 알맞게 사용하지 **못한** 문장에 ×표 하세요.

적용·창의

(1) 이모와 이모부는 <u>깨가 쏟아지게</u> 잘 살고 있다. ( )

(2) 아버지께서 <u>까불기만</u> 하던 애가 의젓해졌다고 칭찬해 주셨다. ( )

(3) 나는 동생이 무사히 집에 돌아와 <u>조바심이 나서</u> 잠자리에 들었다. ( )

7 이 글에 덧붙여 설명해도 되는 내용을 말한 친구는 누구인지 쓰세요.

적용·창의

> 소라: 몹시 싫증이 나고 싫어졌다는 뜻으로 '진저리가 난다'라는 말을 써. '진저리'
> 는 원래 찬 것이 갑자기 살에 닿거나 무서움을 느꼈을 때 몸이 부르르 떨리는 것
> 을 말해. 그 뜻이 점점 넓어져서 지긋지긋하거나 귀찮을 때 몸을 떠는 일을 일컫
> 는 말로도 쓰이게 된 거야.
>
> 유민: 옛날에는 '팽개'라는 도구를 이용해서 곡식 이삭을 쪼아 먹으려는 논밭의 새
> 를 쫓았어. 이것을 '팽개질'이라고 하는데, '팽개치다'라는 말은 팽개질하는 모습
> 에서 나왔어. '팽개친다'는 것은 못마땅하여 물건을 내던진다는 뜻인데, 하던 일
> 을 중간에 그만두거나 어떤 일에 대해 책임을 다하지 않는다는 뜻도 있어.

( )

어휘력 강화

낱말의 뜻

1 다음 문장에 알맞은 낱말을 (   ) 안에서 골라 ○표 하세요.

(1) 옷에 묻은 먼지를 (덜었다, 털었다).

(2) 엄마께 (건방지게, 건조하게) 행동하다 꾸중을 들었다.

(3) 두 시간 동안 (티끌, 티눈) 하나 없이 방을 깨끗이 청소했다.

헷갈리기 쉬운 말

2 빈칸에 알맞은 낱말을 ○보기○에서 찾아 쓰세요.

> **○ 보기 ○**   졸이며   조리며

(1) 마음을 (   ) 시험 결과를 기다렸다.

(2) 어머니께서는 멸치와 고추를 간장에 (   ) 말씀하셨다.

관용어

3 빈칸에 들어갈 관용어로 알맞은 것에 ○표 하세요.

> 친구와 싸워서 하루 종일 화가 나 있었는데, 친구의 사과를 받고나서 ░░░░░.

(1) 마음이 풀렸다 → 마음속에 맺히거나 틀어졌던 것이 없어졌다는 뜻.   (   )

(2) 손발이 맞았다 → 함께 일을 하는 데 마음이나 의견이 서로 맞는다는 뜻. (   )

(3) 바가지를 씌웠다 → 요금이나 물건값을 제값보다 비싸게 주어 손해를 보게 했다는
뜻.   (   )

선생님: 문화재 *반환이란 강제로 다른 나라의 문화재를 가져갔던 나라가 원래의 나라에 되돌려 주는 것을 말해요. 우리나라도 문화재를 빼앗긴 역사가 있어요. 임진왜란 때 일본은 우리나라의 많은 문화재를 빼앗아 갔어요. 그 이후에도 몇몇 나라들이 우리의 문화재를 가져갔고, 일본이 우리나라를 강제로 지배할 때 일본은 또 우리나라의 문화재를 빼앗아 갔어요. 우리나라는 ㉠일본으로부터 빼앗긴 나라를 되찾은 이후 적극적으로 문화재를 되찾기 위해 노력했지만 아직도 많은 문화재를 돌려받지 못하고 있어요. 오늘은 문화재 반환을 꼭 해야 하는지에 대해 이야기를 나누어 보려고 해요. 여러분의 의견을 발표해 보세요.

민서: 저는 강제로 가져간 문화재는 반드시 돌려주어야 한다고 생각합니다. 문화재는 그 문화재가 만들어진 곳에 있어야 소중함을 더 인정받고 제대로 *보존될 수 있기 때문입니다.

영빈: 저는 문화재를 반드시 돌려주어야 하는 것은 아니라고 생각합니다. ㉡문화재를 잘 지킬 수 있는 상황이 아닌 나라는 문화재를 돌려주어도 잘 보존할 수 없기 때문입니다. 전쟁 중인 나라나 문화재 관리 시설이 잘 되어 있지 않은 나라는 문화재를 돌려주어도 잘 보존할 수 없을 것입니다.

아라: 저도 영빈이와 의견이 같습니다. 문화재는 한 나라만의 것일 수도 있지만, 전 세계가 함께 지켜야 할 *유산이기도 합니다. 따라서 세계 어느 나라에 있든지 잘 보존하고 있으면 됩니다.

현준: 저는 문화재를 꼭 돌려주어야 한다고 생각합니다. 문화재를 돌려주지 않으면 문화재를 돌려 달라고 주장하는 나라와의 관계가 나빠질 수도 있기 때문입니다.

* 반환: 빌리거나 차지했던 것을 되돌려줌.
* 보존될: 잘 보호되고 간수되어 남겨질.
* 유산: 앞 세대가 물려준 사물 또는 문화.

1

주제

선생님과 친구들은 어떤 주제에 대해 이야기하고 있는지 쓰세요.

| | | |를| | |해야 하는가?

2

추론

민서, 영빈, 아라의 공통된 생각은 무엇인지 알맞은 것의 기호를 쓰세요.

> ㉮ 모든 문화재는 주인이 없다.
>
> ㉯ 문화재를 잘 보존해야 한다.
>
> ㉰ 다른 나라와의 관계도 중요하다.

(   )

3

내용 이해

아라의 의견을 뒷받침하는 내용으로 알맞은 것에 ○표 하세요.

(1) 문화재는 그 문화재를 만든 나라에게만 중요하다.   (   )

(2) 문화재를 보존하고 있던 나라가 문화재의 주인이다.   (   )

(3) 문화재는 세계 어느 나라에 있든지 잘 보존하고 있으면 된다.   (   )

4

어휘·표현

㉠은 언제를 말하는지 빈칸에 알맞은 말을 다음 문장에서 찾아 쓰세요.

> 일본이 우리나라를 강제로 지배했을 때 많은 사람들이 나라의 광복을 위해 몸을 바쳤다.

| | |이후

5 영빈이가 ⓒ의 예로 든 것을 두 가지 찾아 쓰세요.

• _____

• _____

6 서준이의 의견을 뒷받침하는 내용으로 알맞은 것에 ○표 하세요.

나는 영빈이와 의견이 같아.

서준

(1) 원래 주인이 물건을 갖는 것은 당연하기 때문이야.   (   )

(2) 우리 문화재를 가져간 일본을 용서할 수 없기 때문이야.   (   )

(3) 문화재를 되돌려 주는 과정에서 문화재를 망가뜨릴 수도 있기 때문이야. (   )

7 다음 기사 내용은 누구누구의 의견이 잘 적용된 경우인지 두 친구의 이름을 쓰세요.

> 6·25 전쟁이 일어난 바로 뒤, 미국 군인에 의해 강제로 미국으로 보내졌던 설악산 신흥사 「시왕도」가 66년 만에 제자리로 돌아온다. 27일 설악산 신흥사에 따르면, 지난달 29일 우리나라로 들어와 불교 중앙 박물관에 보관돼 있던 「시왕도」가 28일 원래 있던 신흥사로 돌아온다고 전했다.

(,   )

어휘력 강화

낱말의 뜻

1 빈칸에 알맞은 낱말을 ○보기○에서 찾아 쓰세요.

> ○보기○   보존   유산   적극적

(1) 박물관에는 많은 문화재가 (   )되어 있다.

(2) 자연은 우리 삶의 터전이자, 후손에게 물려줄 (   )이다.

(3) 내 짝은 (   )이라서 질문도 많고 발표도 자신 있게 잘한다.

파생어

2 빈칸에 공통으로 들어갈 말은 무엇인가요? (   )

> ▨찾다   ▨팔다   ▨돌아가다

① 헛   ② 짓   ③ 휘

④ 되   ⑤ 시

속담

3 빈칸에 들어갈 속담으로 알맞은 것에 ○표 하세요.

> 일본에 강제로 넘어간 우리 문화재 「이천오층석탑」을 되찾기 위해 더 노력해야
> 해. "▨▨▨▨▨▨▨▨"라는 말이 있잖아. 정성과 노력을 다하면 반드시 되찾을 수 있을
> 거야.

(1) 자라 보고 놀란 가슴 솥뚜껑 보고 놀란다 → 어떤 사물에 몹시 놀란 사람은 비슷
한 사물만 보아도 겁을 냄을 이르는 말.   (   )

(2) 공든 탑이 무너지랴 → 공들여 쌓은 탑은 무너질 리 없다는 뜻으로, 힘을 다하고
정성을 다하여 한 일은 그 결과가 반드시 헛되지 않음을 비유적으로 이르는 말.
(   )

● 지문의 난이도
상 중 **하**

● 문제의 난이도
상 중 **하**

가

인공위성의 역할은 다양하다. 통신 위성은 지구 반대편 나라에서 벌어지는 스포츠 경기를 같은 시간에 텔레비전을 통해 볼 수 있게 해 준다. 기상 위성은 지구의 기상 상태를 *관측하여 사람들이 날씨를 미리 알고 대비할 수 있게 해 준다. *항법 위성은 배나 비행기의 위치를 알려 주어 흐린 날에도 배나 비행기가 안전하게 다닐 수 있게 해 준다. 이 밖에도 인공위성은 화성, 목성, 토성과 같은 행성의 *궤도를 돌며 지구로 관측 자료를 보내 우주 연구에 도움을 준다.

나

인공위성은 우리 눈에 보이지 않는 곳에서 심각한 문제를 일으키기도 하는데, 바로 우주 쓰레기 문제이다. 우주로 발사된 인공위성은 시간이 지나면 *수명을 다해서 쓸모없게 된다. 수명을 다한 인공위성은 지구로 다시 떨어지거나 *대기권을 통과하면서 공중에서 타 버리는 경우도 있지만, 우주로 날아가다가 폭발한 로켓의 파편들과 함께 우주 쓰레기가 되어 우주 공간을 떠도는 경우도 많다. 미국 항공 우주국(NASA)에 따르면, 지구 궤도를 돌고 있는 우주 쓰레기는 약 1억 2800만 개에 이른다. 우주 쓰레기는 가끔 움직이고 있는 인공위성에 부딪혀 인공위성의 고장을 일으키기도 한다. 또 다가올 미래에 우주 탐사선이나 우주 여객선의 비행을 방해할 수도 있다. 이처럼 우주 쓰레기는 전 세계가 우주를 개발하는 데 큰 (㉠)이 될 수 있다.

▶ 낱말 뜻

* 관측하여: 자연 현상을 기계를 이용하거나 눈으로 자세히 살펴보아 어떤 사실을 짐작하거나 알아내.
* 항법: 배나 비행기 따위가 두 지점 사이를 가장 안전하고 정확하게 이동하는 방법. 또는 그런 기술.
* 궤도: 행성, 혜성, 인공위성 따위가 중력의 영향을 받아 다른 천체의 둘레를 돌면서 그리는 곡선의 길.
* 수명: 물건이나 시설 등이 쓰일 수 있는 기간.
* 대기권: 지구를 둘러싸고 있는 대기의 범위. 지상 약 1000킬로미터까지를 이름.

1

주제

글 **가**와 **나**에서 글의 내용을 대표하는 문장을 찾아 각각 밑줄을 그으세요.

2

내용 이해

글 **가**와 **나**의 내용을 바르게 이해하지 <u>못한</u> 친구는 누구인지 쓰세요.

> 성민: 인공위성이 고장 나는 건 모두 우주 쓰레기 때문이었어.
> 덕찬: 운항 중인 비행기가 부딪치지 않는 건 항법 위성 덕분이네.
> 세영: 인공위성은 다양한 역할을 하며 우리 삶에 도움을 주지만, 수명이 다한 인공위성은 문제를 일으키기도 해.

(   )

3

추론

㉠에 들어갈 말로 알맞은 것에 ○표 하세요.

(1) 디딤돌 → 어떤 문제를 해결하는 데에 바탕이 되는 것을 이르는 말.   (   )

(2) 걸림돌 → 일을 해 나가는 데에 걸리거나 막히는 장애물을 이르는 말.   (   )

4

적용·창의

글 **나**의 글쓴이가 생각하는 문제 상황을 해결할 수 있는 방법이 나타나 있는 것을 두 가지 찾아 기호를 쓰세요.

> ㉮ 러시아의 한 기업이 우주 쓰레기 수거 위성을 개발하고 있다.
> ㉯ 일본의 위성 통신 회사가 레이저로 우주 쓰레기를 없애는 기술 개발에 나서기로 했다.
> ㉰ 우리나라의 천리안 위성 2B호가 바다 관찰을 시작해 동북아 지역의 바다 쓰레기의 위치를 추적하게 되었다.

(   )

가

어린이들은 유치원을 졸업하고 초등학교에 가면서부터 시험을 보게 된다. 자유롭게 공부하고 활동했던 유치원과 달리 점수를 *매기고 실력을 평가하는 시험을 처음 보게 되는 것이다.

초등학교에서 시험을 보는 *횟수가 예전보다 많이 줄었지만, 여전히 주요 과목은 단원이 끝날 때마다 쪽지 시험이나 단원 평가를 보는 학교가 많다.

학교에서 시험을 보면 학생들은 공부에 대한 스트레스를 받게 된다. 나아가 시험을 잘 봐야 한다는 생각 때문에 여러 학원을 다니게 된다. 초등학생 때는 다양한 경험을 통해 *재능을 찾고 *창의력을 키워야 하는 시기인데, 좋은 점수를 받기 위한 공부에 매달리느라 다양한 경험의 시간이 부족해질 수밖에 없다. 이런 이유로 초등학교에서는 시험을 보지 않아야 한다고 생각한다.

나

2011년부터 서울 지역 초등학교에서 중간고사와 기말고사를 *폐지하였다. 이후, 경기도와 전라남도 등의 지역으로까지 ㉠확대되었는데, 전국 초등학교의 모든 시험을 폐지해야 한다는 의견도 나오고 있다.

그러나 초등학교에서 보는 시험을 폐지하면 안 된다고 생각한다. 초등학교에서 보는 시험을 폐지하면 학생들이 공부한 내용을 얼마나 이해했는지 확인할 수가 없다. 따라서 부족한 부분이 무엇인지 알고 채워 줄 방법이 없다. 또, 학생들은 아무래도 시험이 없어졌기 때문에 공부를 *소홀히 할 것이므로 학생들의 학업 수준이 떨어질 수밖에 없는 것이다.

● 지문의 난이도
상 중 하

● 문제의 난이도
상 중 하

낱말 뜻

* 매기고: 일정한 기준에 따라 사물의 값이나 등수 따위를 정하고.
* 횟수: 되풀이되는 차례의 수.
* 재능: 어떤 일을 잘할 수 있는 재주와 능력.
* 창의력: 지금까지 없던 새로운 것을 생각해 내는 능력.
* 폐지하였다: 실시해 오던 제도나 법 등을 그만두거나 없앴다.
* 소홀히: 중요하게 생각하지 않아 주의나 정성이 부족해.

5 글 **가**와 **나**는 모두 무엇을 중심으로 쓴 글인지 알맞은 것에 ○표 하세요.

짜임

(1) 생각 + 까닭

( )

(2) 오늘 있었던 일 + 생각이나 느낌

( )

6 글 **가**와 **나**에 드러난 생각은 각각 무엇인지 **보기**에서 찾아 기호를 쓰세요.

주제

보기
㉮ 초등학교에서 시험을 보는 것을 찬성한다.
㉯ 초등학교에서 시험을 보는 것을 반대한다.

(1) 글 **가**: ( )　　(2) 글 **나**: ( )

7 ㉠'확대'와 뜻이 반대인 낱말은 무엇인가요? ( )

어휘·표현

① 거대
② 축소
③ 확장
④ 폐지
⑤ 확실

8 태현이는 글 **가**와 **나** 중 어떤 글과 생각이 같은지 알맞은 것의 기호를 쓰세요.

비판

태현: 학교에서 시험을 거의 보지 않으니까 학원에서 돈을 내고 시험을 보는 친구들도 있어. 그럴 바에는 학교에서 시험을 보는 게 좋지 않을까?

( )

				❸	
❶		❷		❹	❺
				❻	
		❼			
❽					

가로 →

❶ 껍질만 있고 속에 알맹이가 들지 아니한 곡식이나 과일 따위의 열매.
　예 ○○○를 버리다.

❹ 벼슬아치들이 나랏일을 보던 집.

❻ 달려 있는 것, 붙어 있는 것 따위가 떨어지게 흔들거나 치다.

❽ 조마조마하여 마음을 졸임. 또는 그렇게 졸이는 마음.

세로 ↓

❷ 비행기 등이 날기 위해 땅에서 떠오름. '착륙'의 반대말.

❸ 피가 흐르는 관. 동맥, 정맥, 모세 ○○으로 나눔.

❺ 양쪽으로 열어젖히다.
　예 생선의 배를 ○○○.

❼ 확실히 알 수 없어서 믿지 못하는 마음.
　예 다른 사람을 함부로 ○○하지 말자.

정답 및 해설 16쪽에서 확인하세요.

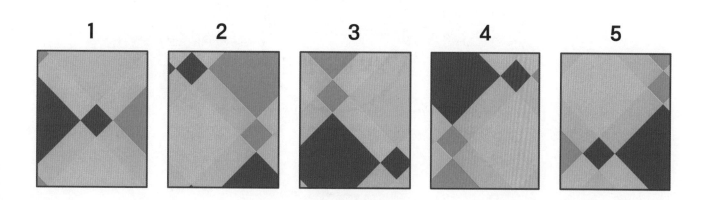

정답 및 해설 16쪽에서 확인하세요.

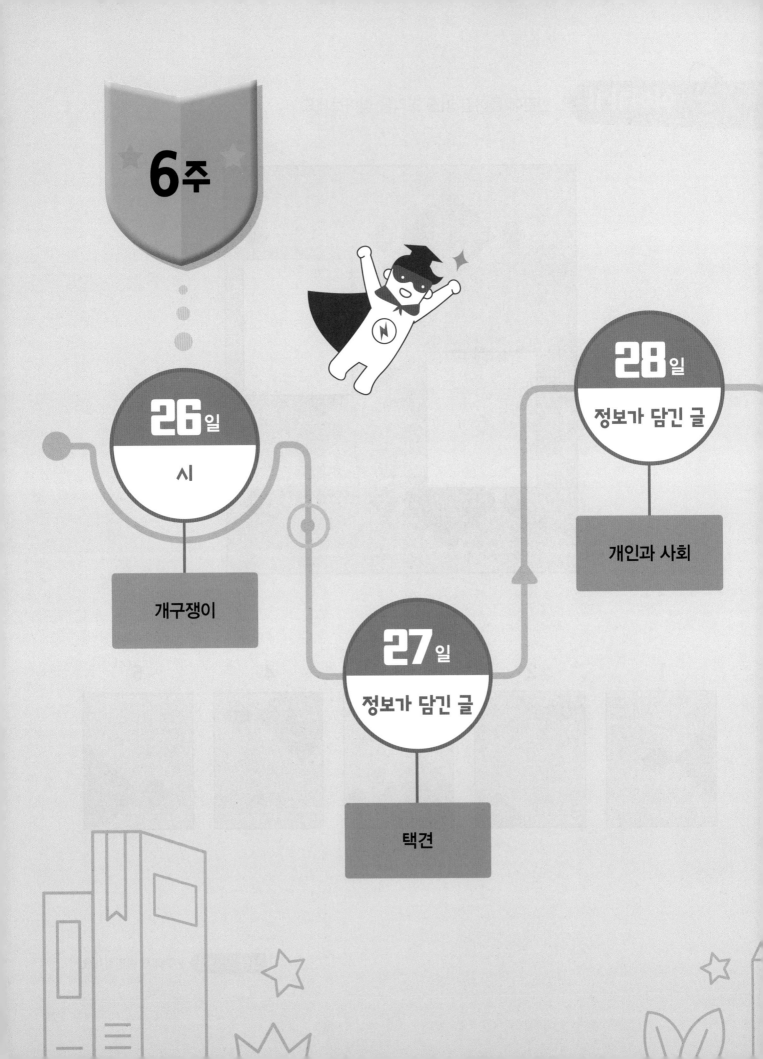

6주

26일
시

개구쟁이

27일
정보가 담긴 글

택견

28일
정보가 담긴 글

개인과 사회

30일

최상위 독해

- 길로 길로 가다가
- 쥐야 쥐야 새앙쥐야
- 바늘과 관련된 속담

29일

의견이 담긴 글

동물 실험을
중단해야 한다

개구쟁이

문삼석

개구쟁이래도 좋구요,

말썽꾸러기래도 좋은데요,

엄마,

제발 '하지 마, 하지 마.' 하지 마세요.

그럼 웬일인지

자꾸만 더 하고 싶거든요.

꿀밤을 주셔도 좋구요,

엉덩일 *두들겨도 좋은데요,

엄마,

제발 '못 살아, 못 살아.' 하지 마세요.

엄마가 못 살면

난 정말 못 살겠거든요.

* 두들겨도: 소리가 나도록 잇따라 세게 치거나 때려도.

1

주제

이 시의 중심 글감은 무엇인가요? (   )

① 시험   ② 꿀밤
③ 엉덩이   ④ 내 동생
⑤ 엄마의 말

2

내용 이해

이 시에서 '내'가 엄마에게 듣기 싫은 소리 두 가지를 찾아 쓰세요.

			,		

3

어휘·표현

이 시에서 다음 설명에 해당하는 말이 <u>아닌</u> 것은 무엇인가요? (   )

> 1연과 2연에서 반복되는 표현을 사용하여 리듬감을 느낄 수 있다.

① 엄마   ② 좋구요
③ 좋은데요   ④ 그럼 웬일인지
⑤ 제발 ~하지 마세요

4

감상

이 시를 읽고 떠올릴 수 있는 장면으로 알맞은 것의 기호를 쓰세요.

> ㉮ 엄마가 방 정리를 잘했다고 아이를 칭찬하는 장면
> ㉯ 동생을 못살게 구는 것을 본 엄마가 화가 나셔서 꾸중을 하는 장면
> ㉰ 친구들끼리 끝말잇기 놀이를 해서 진 사람이 이긴 사람에게 꿀밤을 맞는 장면

(   )

5 추론 이 시에서 느껴지는 '나'의 마음으로 알맞은 것을 두 가지 고르세요. (   )

① 엄마를 미워하는 마음

② 엄마를 걱정하는 마음

③ 엄마에게 사랑받고 싶은 마음

④ 엄마의 잔소리가 그리운 마음

⑤ 엄마의 잔소리가 듣기 싫은 마음

6 감상 이 시에 대한 생각이나 느낌을 알맞게 말한 친구는 누구인지 쓰세요.

말썽을 부리는데도 귀엽다고 하시며 잔소리를 하지 않는 엄마의 사랑이 감동적이야.

효주

자기 때문에 엄마가 속상해 하시는 것을 죄송하게 생각하는 것을 보면 '나'는 착한 친구인 것 같아.

주혁

(   )

7 적용·창의 이 시에 나오는 '나'의 마음이 잘 드러나게 줄글로 알맞게 바꾸어 쓴 것에 ○표 하세요.

(1) 엄마가 나에게 '하지 마, 하지 마.'라고 하시면 나는 기분이 좋아진다. 엄마가 나에게 관심을 주시는 것이기 때문이다.   (   )

(2) 엄마가 나 때문에 '못 살아, 못 살아.'하실 때마다 엄마가 걱정되고 죄송하다. 엄마가 힘들어하시면 내 마음은 더 힘들기 때문이다.   (   )

어휘력 강화

낱말의 뜻

1 다음 문장에 알맞은 낱말을 (   ) 안에서 골라 ○표 하세요.

(1) 형아, (제발, 혹시) 내 말 좀 믿어 줘.

(2) 방문을 똑똑 (누르는, 두들기는) 소리에 잠이 깼다.

(3) 누나는 얌전한데 저는 (말썽꾸러기, 잠꾸러기)예요.

합성어

2 다음 설명을 읽고, '장이'와 '쟁이' 중에서 알맞은 낱말을 쓰세요.

> • 장이: '어떤 기술이 있는 사람'이라는 뜻을 더하는 말. 예 옹기장이
>
> • 쟁이: '어떤 특성이 있는 사람'이라는 뜻을 더하는 말. 예 개구쟁이

(1) 강아지를 무서워한다고 친구들이 겁(   )라고 놀려요.

(2) 도배(   ) 아저씨를 불러 벽에 도배를 깨끗하게 하니 새집이 됐다.

관용어

3 다음과 같은 상황에서 밑줄 친 말과 바꾸어 쓸 수 있는 관용어에 ○표 하세요.

> 꿀밤을 주셔도 좋구요,
> 엉덩일 두들겨도 좋은데요,
> 엄마,
> 제발 '못 살아, 못 살아.' 하지 마세요.
> 엄마가 못 살면
> 난 정말 못 살겠거든요.

(1) 난 코가 높거든요 → 잘난 체하고 뽐내는 태도가 있다는 뜻.   (   )

(2) 난 발이 넓거든요 → 친하게 지내거나 아는 사람이 많다는 뜻.   (   )

(3) 난 하늘이 노래지거든요 → 갑자기 큰 충격을 받아 정신이 아찔하게 된다는 뜻.

(   )

1 택견은 우리나라 고유의 전통 무술 가운데 하나이다. 부드럽고 자연스러운 동작을 하며 움직이다가 순간적으로 손과 발을 이용해 상대편을 *제압하고 자기 몸을 방어하는 무술이다.

2 택견은 삼국 시대 이전부터 했다고 알려져 있다. 고구려 고분 벽화인 「무용총 수박도」에 택견을 하는 모습이 그려져 있는 것을 통해 알 수 있다. 고려 시대에는 *무예를 닦은 사람들 사이에서 *성행하였고, 조선 시대에는 일반인들도 많이 하게 되었다. 명절 때마다 마을끼리 집단으

▲ 무용총 수박도

로 경기를 하면서 마을 사람들의 협동심을 이끌어 내는 역할을 하기도 했다.

3 택견의 기술은 크게 품 밟기와 활갯짓, 발질로 나뉜다. 품 밟기는 공격과 방어를 위한 기본 몸가짐이다. 활갯짓은 손으로 할 수 있는 모든 공격 및 방어 동작이다. 〔 ㉠ 〕. 이외에도 택견은 손과 다리 기술, 관절 꺾기와 던지기, 박치기 등 여러 기술이 포함되어 있다.

4 택견은 1983년에 중요 무형 문화재 제76호로 *지정되었고, 1990년대 들어와서 생활 체육으로 널리 *보급되기 시작하였다. 2011년에는 유네스코 인류 무형 문화유산에 *등재되었다. 한국 전통 무술의 문화재적 가치를 세계적으로 *인정받은 것이다.

* 제압하고: 강한 힘이나 기세로 상대를 누르고.
* 무예: 몸이나 무기를 써서 싸우는 기술에 관한 재주.
* 성행하였고: 매우 왕성하게 유행하였고.
* 지정되었고: 공공 기관이나 단체, 개인 등이 어떤 것을 특별한 자격이나 가치가 있는 것으로 정하였고.
* 보급되기: 어떤 것이 널리 퍼져서 여러 곳에 미치게 되거나 여러 사람이 누리게 되기.
* 등재되었다: 이름이나 어떤 내용이 장부에 적혀 올려졌다.
* 인정받은: 어떤 것이 확실하다고 여기거나 받아들인.

1 주제

이 글에서 중심 낱말을 찾아 쓰세요.

2 내용 이해

고구려 고분 벽화에 택견을 하는 모습이 그려진 것을 통해 알 수 있는 사실은 무엇인가요? (   )

① 택견은 삼국 시대 이전부터 하였다.

② 조선 시대에는 일반인도 택견을 하였다.

③ 조선 시대에는 명절 때마다 택견을 하였다.

④ 고려 시대에는 남녀노소 누구나 택견을 하였다.

⑤ 고려 시대에는 무예를 닦은 사람들만 택견을 하였다.

3 추론

㉠에 들어갈 뒷받침 문장으로 알맞은 것을 찾아 기호를 쓰세요.

⑦ 품 밟기와 활갯짓 외에도 발질이 있다

⑭ 택견은 남녀노소 누구나 쉽게 배울 수 있다

⑮ 발질은 상대를 발로 차거나 발에 걸려 땅에 넘어지게 하기 위해 사용하는 발 기술을 말한다

(   )

4 짜임

❶~❹문단에서 설명하는 내용에 맞게 ○보기○에서 알맞은 말을 찾아 쓰세요.

○보기○   뜻   기술   역사   가치

(1) ❶문단: 택견의 (   )   (2) ❷문단: 택견의 (   )

(3) ❸문단: 택견의 (   )   (4) ❹문단: 택견의 (   )

5 빈칸에 들어갈 알맞은 낱말은 무엇인가요? (   )

어휘·표현

요즈음은 가정마다 컴퓨터가 널리 ▨▨▨▨▨ 되어 있다.

① 등재   ② 보급   ③ 성행
④ 인정   ⑤ 지정

6 택견에 대하여 더 알아보고 싶은 내용을 바르게 말한 친구는 누구인지 쓰세요.

비판

현승: 택견은 언뜻 태권도와 비슷해 보이기도 해. 택견이 태권도와 어떤 점이 다른
지 더 알아보고 싶어.
효민: 고구려 고분 벽화에 택견을 하는 모습이 그려져 있어. 나도 택견을 하는 모
습을 스케치북에 그려 보고 싶어.

(   )

7 이 글의 내용과 다음 동작을 보고 ◎보기◎에서 알맞은 택견의 기술을 찾아 기호를 쓰
세요.

적용·창의

◎ 보기 ◎   ㉮ 발질   ㉯ 활갯짓   ㉰ 품 밟기

(1)   (2)   (3)

(   )   (   )   (   )

낱말의 뜻

1 다음 낱말에 알맞은 뜻을 찾아 선으로 이으세요.

(1) 아주 먼 옛날에 만들어진 무덤. •

(2) 문화적인 가치가 높아 후손들에게 물려 줄 필요가 있는 문화나 문화재. •

(3) 어떤 집단이나 공동체에서 지난 시대부터 전해 내려오면서 고유하게 만들어진 사상, 관습, 행동 등의 양식. •

• ㉮ 전통

• ㉯ 고분

• ㉰ 문화유산

동형어

2 다음 빈칸에 공통으로 들어갈 낱말은 무엇인가요? (   )

- 아이들이 [   ]로 물을 덤벙덤벙하며 물장구를 쳤다.
- 갑자기 비가 많이 내려서 [   ] 밑으로 강물이 세차게 흐른다.

① 팔   ② 다리   ③ 머리
④ 도로   ⑤ 바퀴

관용어

3 빈칸에 들어갈 관용어로 알맞은 것에 ○표 하세요.

택견은 2011년에 유네스코 인류 무형 문화유산에 등재되어 한국 전통 무술의 문화재적 가치를 세계적으로 인정받았지. 그리고 세계의 유명한 다른 무술과도 [   ] 되었어.

(1) 어깨를 나란히 하게 → 서로 비슷한 지위나 힘을 가진다는 뜻.   (   )

(2) 어깨를 짓누르게 → 의무나 책임, 제약 등이 부담감을 준다는 뜻.   (   )

(3) 어깨에 짊어지게 → 어떤 일에 대한 책임이나 의무를 갖게 되었다는 뜻. (   )

1 이 세상에 살고 있는 한 사람 한 사람을 '개인'이라고 한다. '나', '엄마', '짝꿍'은 모두 개인이다. 개인은 서로 모습이 다를 뿐만 아니라, 성격이나 생각도 모두 다르다.

2 개인은 모두 사회에 *속해서 살아간다. 내가 속해 있는 '가족', '학교', '마을', '나라', '세계'는 모두 사회이고, 아버지나 어머니가 다니시는 '회사'도 사회이다. 사람은 혼자 살 수 없기 때문에 사회를 이루고 살아간다. 그래서 사람을 '㉠사회적 동물'이라고 부르기도 한다. 개인은 사회 속에서 서로에게 영향을 주며 살아간다.

3 ㉡개인은 사회에 속해 살아가면서 그 사회에서 생활할 때 필요한 것들을 배워 나간다. 사람들과 잘 어울려 살기 위해서 ⟨ ㉢ ⟩ 등을 배운다. 교통질서를 지켜야 하는 것, 사람을 때리면 안 되는 것, 음식을 먹을 때 예절을 지켜야 하는 것 등은 모두 우리가 배워서 실천해야 할 것들이다. 그런데 자기가 속한 사회에 따라 지켜야 할 것들도 달라질 수 있다.

4 개인은 사회에서 각자의 *역할을 가진다. 그래서 우리는 가정에서 부모님의 아들 혹은 딸로서의 역할을 가지고, 학교에서 학생으로서의 역할을 가지기도 한다. 그밖에 자신이 속한 사회에 따라 또다른 역할을 가질 수도 있다.

＊속해서: 어떤 것에 관계되어 그 범위 안에 들어서.
＊역할: 자기가 마땅히 하여야 할 맡은 바 직책이나 임무.

1 이 글의 제목으로 알맞은 것에 ○표 하세요.

주제

(1) 소중한 나   (2) 개인과 사회   (3) 다양한 문화

(   )   (   )   (   )

2 이 글에서 설명한 내용으로 알맞지 <u>않은</u> 것의 기호를 쓰세요.

내용 이해

㉮ 사람은 각자 모습이나 성격이 다르다.

㉯ 개인은 모두 사회에서 각자의 역할을 가진다.

㉰ 개인은 사회에서 생활할 때 필요한 것들을 배운다.

㉱ 이 세상에 사는 사람들 하나하나를 '사회'라고 한다.

(   )

3 ㉠'사회적 동물'에 담긴 뜻으로 알맞은 것에 ○표 하세요.

추론

(1) 사람과 동물이 사회를 만든다.   (   )

(2) 사람은 혼자 살아가는 동물이다.   (   )

(3) 사람은 사회 속에서 다른 사람과 함께 어울려 살아가는 동물이다.   (   )

4 ㉡이 잘 된 모습으로 볼 수 <u>없는</u> 것을 찾아 기호를 쓰세요.

적용·창의

㉮ 선영이는 신호등이 빨간불에서 초록불로 바뀐 뒤에 건널목을 건넜다.

㉯ 경태는 어린이 도서관에서 큰 소리로 친구들의 이름을 부르며 뛰어다녔다.

㉰ 소민이는 엘리베이터 안에서 만난 이웃집 아주머니께 높임말로 공손하게 인사하였다.

(   )

5

추론

ⓒ에 들어갈 말로 알맞지 <u>않은</u> 것을 두 가지 고르세요. (   )

① 규칙

② 자유

③ 예절

④ 문화

⑤ 과학 지식

6

짜임

❹문단에서 중심 문장을 찾아 쓰세요.

_____

_____

7

적용·창의

'학교'라는 사회 속에서 자신이 맡은 역할에 대하여 바르게 말한 친구는 누구인지 쓰세요.

나는 회장으로서의 역할을 다하기 위해 학급 일에 적극적으로 나서고 있어.

서준

나는 학교가 끝나고 집에 돌아오면 딸로서의 역할을 하며 엄마 심부름을 해 드려.

지우

(   )

어휘력 강화

낱말의 뜻

1 다음 문장에 알맞은 낱말을 (   ) 안에서 골라 ○표 하세요.

⑴ 나는 우리 학교 축구팀에 (속해, 정해) 있다.

⑵ 우리 모둠은 각자 (분할, 역할)에 따라 준비물을 가져오기로 했다.

⑶ 우리 가족은 모두 '하루 한 시간 운동하기'를 (실수, 실천)하고 있다.

높임말

2 다음 문장에서 밑줄 친 말을 높임 표현에 맞게 고쳐 쓰세요.

⑴   엄마께서 꼿꼿이 학원에 <u>다닌다</u>.   (   )

⑵   나는 감자를 <u>먹는</u> 할머니께 물을 가져다 드렸다.   (   )

속담

3 밑줄 친 상황에서 쓸 수 있는 속담으로 알맞은 것에 ○표 하세요.

> 개인은 사회 속에서 서로에게 영향을 주며 살아간다. 뉴스를 보면 <u>한 사람의 옳지 못한 행동이 사회 전체나 여러 사람에게 나쁜 영향을 끼치는 경우</u>가 일어난다.

⑴ 백지장도 맞들면 낫다   (   )

⑵ 길고 짧은 것은 대어 보아야 안다   (   )

⑶ 미꾸라지 한 마리가 온 웅덩이를 흐려 놓는다   (   )

1 동물은 사람이 생활하는 데 여러 가지 도움을 줍니다. 어떤 동물은 과학의 발달에 큰 도움을 주기도 하는데, 사람의 병이나 화장품, 새로 발명한 약 등을 연구할 때 실험에 이용됩니다. 그러나 ㉠전 세계에서 이루어지고 있는 동물 실험으로 매년 수억 마리의 동물들이 죽거나 고통받고 있다고 합니다. ㉡사람을 위해 동물에게 고통을 주는 동물 실험을 *중단해야 합니다.

2 그 까닭은 첫째, 동물의 생명도 소중하기 때문입니다. 동물은 사람을 위해 살고 있는 것이 아닙니다. 사람을 위한 일이라는 이유로 많은 동물들이 여러 실험에 이용되어 생명을 잃거나 고통받고 있습니다. 사람의 생명이 소중하듯이 ㉢동물의 생명도 소중합니다.

3 둘째, 사람과 동물은 몸의 *구조가 다르기 때문에 동물 실험으로 얻은 결과가 사람에게는 맞지 않을 수 있습니다. 약을 새로 발명하는 경우, 동물 실험으로 안전하다는 것이 확인된 약들도 사람이 먹었을 때에는 같은 결과가 나오지 않고, 생명을 잃거나 *부작용을 보이는 경우도 많이 있습니다.

4 셋째, 동물 실험을 중단하는 나라들이 점점 많아지고 있습니다. 유럽 연합에서는 이미 2004년에 화장품 개발을 위한 동물 실험을 금지하였습니다. 또, 미국 환경 보호청도 2019년에 화학 물질에 대한 동물 실험을 중단하겠다고 밝혔습니다.

5 동물도 감정이 있고 고통받지 않으며 생명을 존중받을 권리가 있습니다. 그러므로 사람을 위해서 ㉣불쌍한 동물들이 더 이상 *희생되어서는 안 되겠습니다. (㉤).

* 중단해야: 어떤 일을 중간에 멈추거나 그만두어야.
* 구조: 여러 부분이나 요소들이 서로 어울려 전체를 이룸. 또는 그 짜임새.
* 부작용: 약을 사용했을 때 나타나는, 원래 효과에 부수적으로 일어나는 작용. 대개 좋지 않은 경우를 이름.
* 희생되어서는: 누군가를 위하거나 어떤 목적 때문에 목숨, 재산, 명예, 이익 등이 바쳐지거나 버려져서는.

1

주제

이 글에서 글쓴이가 주장하는 내용은 무엇인지 쓰세요.

<table>
<tr><td>　</td><td>　</td><td>　</td><td>　</td><td>을</td><td>　</td><td>　</td><td>해야 한다.</td></tr>
</table>

2

내용 이해

동물 실험을 하는 목적으로 볼 수 <u>없는</u> 것은 무엇인가요? (　　　)

① 동물을 보호하기 위해서

② 화장품을 개발하기 위해서

③ 새로운 약을 개발하기 위해서

④ 사람의 병에 대한 연구를 하기 위해서

⑤ 화학 물질에 대한 연구를 하기 위해서

3

어휘·표현

㉠～㉣ 중에서 글쓴이의 생각이나 태도가 드러나 있지 <u>않은</u> 표현은 무엇인지 기호를 쓰세요.

(　　　　　　　　　)

4

추론

㉤에 들어갈 문장으로 알맞은 것을 찾아 기호를 쓰세요.

> ㉮ 동물들을 안전하게 키워야 합니다
>
> ㉯ 하루빨리 동물 실험을 중단해야 합니다
>
> ㉰ 마음 놓고 동물 실험을 할 수 있는 환경을 만들어야 합니다

(　　　　　　　　　)

5
짜임

이 글을 크게 세 부분으로 나눌 때 **1**~**5**문단은 각각 어디에 해당하는지 번호를 쓰세요.

서론	글을 쓰게 된 문제 상황과 글쓴이의 주장을 밝히는 부분	**1**
본론	글쓴이의 주장에 대한 적절한 까닭을 제시하는 부분	(1)
결론	글의 내용을 요약하고 주장을 다시 한번 강조하는 부분	(2)

6
비판

이 글의 글쓴이와 반대되는 생각을 말한 친구는 누구인지 쓰세요.

사람의 이익을 위해 동물에게 희생을 강요하는 것은 잔인한 행동이라고 생각해.

예서

병을 치료하기 위해 사람 대신 동물을 희생하는 것은 어쩔 수 없는 선택이라고 생각해.

태강

(   )

7
적용·창의

다음 신문 기사는 어떤 주장을 뒷받침하는 내용인지 알맞은 것에 ○표 하세요.

1922년에 프레더릭 밴팅은 동물 실험을 통해 당뇨병 치료제인 인슐린을 최초로 발견했다. 밴팅의 실험에는 90여 마리의 개가 이용되었지만, 인슐린의 발견으로 인해 전 세계에서 3000만 명이 넘는 사람이 목숨을 구했다.

(1) 사람을 위한 동물 실험을 중단해야 한다. ( )
(2) 사람을 위한 동물 실험을 중단하지 말아야 한다. ( )

어휘력 강화

1 다음 문장에 알맞은 낱말을 ( ) 안에서 골라 ○표 하세요.

(1) 엄마는 내 결정을 (존중, 존재)해 주셨다.

(2) 남자와 여자는 신체 (구조, 개조)가 다르다.

(3) 안개 때문에 비행기 운항이 (중단, 중복)되었다.

2 빈칸에 공통으로 들어갈 말은 무엇인가요? ( )

■작용	■교재	■수입

① 무   ② 미   ③ 반

④ 부   ⑤ 비

3 다음 밑줄 친 부분과 관련 있는 관용어에 ○표 하세요.

사람을 위해 동물들이 실험에 이용되고 고통스럽게 죽어 간다니 너무나 가엾고 불쌍해서 <u>눈물이 그치지 않아.</u>

(1) 눈물이 앞을 가린다   (   )

(2) 눈 하나 깜짝 안 한다   (   )

(3) 눈에 넣어도 아프지 않다   (   )

가

● 지문의 난이도
상 중 하

● 문제의 난이도
상 중 하

길로 길로 가다가
바늘 하나 주웠네
주운 바늘 뭣 할꼬?
낚시 하나 굽혔지
굽힌 낚시 뭣 할꼬?
잉어 한 마리 낚았지
낚은 잉어 뭣 할꼬?
큰 솥에다 고았지
*고은 잉어 뭣 할꼬?
우리 부모 드리지
우리 부모 드시고
오래오래 사시지.

▶ 낱말 뜻

* 고은: 고기나 뼈의 진한 국물이 우러나도록 푹 삶은.
* 새앙쥐: '생쥐'의 비표준어. 검은색, 회색, 짙은 갈색 털에 몸이 작으며 가늘고 긴 꼬리가 있는 쥐.
* 사랑: 집의 안채와 떨어져 있는, 주로 집안의 남자 주인이 머물며 손님을 맞는 곳.
* 한식날: 우리나라 명절의 하나. 동지에서 105일째 되는 4월 6일쯤임. 조상의 묘를 찾아가 무덤과 그 주변의 풀을 베어서 깨끗이 하고 제사를 지냄.
* 절사: 절기나 명절을 따라 지내는 제사. '차례'라고도 함.

나

쥐야 쥐야 *새앙쥐야
*사랑 밑에 다람쥐야
이것저것 다 먹어도
흰밥을랑 먹지 마라
*한식날이 되고 보면
밤 사 오고 배 사다가
울 어머니 무덤 뒤에
제사 *절사 지낼란다.

1 　**내용 이해**

가와 **나**처럼 옛날부터 전해 내려오는 어린이들의 노래를 무엇이라고 하는지 쓰세요.

2 　**짜임**

가와 **나**의 특징을 말한 것으로 알맞지 <u>않은</u> 것을 두 가지 고르세요. (　　　　　)

① **가**는 반복되는 말의 느낌을 살려 읽는다.

② **나**는 밝고 신나는 분위기를 살려 읽는다.

③ **가**는 묻고 답하는 형식으로 이루어져 있다.

④ **가**와 **나**는 글자 수가 대부분 일정하여 리듬감이 느껴진다.

⑤ **가**와 **나**는 낱말과 낱말 사이를 모두 끊어 또박또박 읽는다.

3 　**어휘·표현**

가에서 반복되는 말이 <u>아닌</u> 것은 무엇인가요? (　　　　)

① 바늘　　　　　　　　　　② 잉어

③ 큰 솥　　　　　　　　　　④ 뭣 할꼬?

⑤ 우리 부모

4 　**주제**

가와 **나**에 공통으로 드러나 있는 생각은 무엇인가요? (　　　　)

① 혼자 지내는 외로움　　　　　② 부모님에 대한 사랑

③ 어려움을 이겨 내는 지혜　　　④ 동물을 아끼고 보호하는 마음

⑤ 자연 속에서 여유롭게 지내는 삶

1 '바늘'은 옷을 만들거나 찢어진 곳을 꿰매는 데 쓰는 도구이다. 쇠로 만든 바늘은 몸통이 가늘고 길며 끝이 뾰족하다. 바늘의 한쪽 끝에는 작은 구멍이 있는데, 여기에 실을 *꿰어서 사용한다.

2 '무쇠'는 단단한 쇠의 한 종류로 솥이나 *화로 등을 만드는 재료로 쓰인다. 반면에 쇠로 만들었지만 '바늘'은 아주 가늘고 섬세하다. 이렇게 서로 다른 듯 보이는 무쇠와 바늘에 관련된 속담이 있다. 바로 "무쇠도 갈면 바늘 된다"이다. 끝이 날카롭지 않고 단단한 무쇠도 꾸준히 갈면 언젠가는 얇고 가느다란 바늘이 될 수 있다는 말이다. 이 말에는 노력을 멈추지 않으면 어떤 어려운 일도 이룰 수 있다는 뜻이 담겨 있다.

3 '바늘귀', '바늘구멍'이라는 말이 있다. 모두 바늘 위쪽에 실을 꿰도록 뚫은 작은 구멍을 가리키는 말이다. 또 '바늘허리'는 바늘의 가운데 부분을 가리킨다. 이와 관련된 "   ㉠   "라는 속담은 무슨 일에나 일정한 *절차와 순서가 있는 것이니, 아무리 급해도 순서를 밟아서 일해야 함을 비유적으로 이르는 말이다.

4 바늘과 관련된 속담에는 "바늘 도둑이 소도둑 된다"라는 것도 있다. 처음에는 작은 바늘을 훔치던 사람이 도둑질을 계속하면 소처럼 큰 것도 훔친다는 말이다. 곧 작은 것이라도 나쁜 짓을 자꾸 하면 버릇이 되어 나중에는 더 큰 잘못을 저지르게 되니 *아예 나쁜 버릇은 아무리 작은 것이라도 길들이지 말라는 뜻이 담겨 있다.

5 바느질을 할 때에는 바늘 말고도 실이 꼭 필요하다. 바늘과 실 중에서 어느 것 하나라도 없으면 옷을 꿰맬 수가 없다. 그래서 바늘과 실은 붙어 다녀야 제 역할을 하고 그 가치를 인정받을 수 있다. 이와 같은 의미에서 ㉡"바늘 가는 데 실 간다"라는 속담은 서로 떨어질 수 없는 아주 가까운 사이를 일컫는 말이다.

● 지문의 난이도
상 중 하

● 문제의 난이도
상 중 **하**

: 낱말 뜻

* 꿰어서: 실이나 끈 따위를 구멍이나 틈의 한쪽에 넣어 다른 쪽으로 내어서.
* 화로: 불씨가 꺼지지 않도록 지키거나 방을 따뜻하게 하기 위해 숯불을 담아 놓는 그릇.
* 절차: 일을 해 나갈 때 거쳐야 하는 순서나 방법.
* 아예: 미리부터. 또는 처음부터.

5

짜임

이 글을 다음과 같이 크게 두 부분으로 나누려고 합니다. **1**~**5**를 빈칸에 알맞게 쓰세요.

'바늘'의 뜻과 쓰임새	'바늘'과 관련된 속담
(1)	(2)

6

추론

㉠에 들어갈 속담으로 알맞은 것을 보기 에서 찾아 기호를 쓰세요.

보기

㉮ 급하면 바늘허리에 실 매어 쓸까
㉯ 바늘구멍으로 황소바람 들어온다
㉰ 바늘 가진 사람이 도끼 가진 사람 이긴다

(   )

7

비판

이 글을 읽고 속담에 나오는 '바늘'에 담긴 뜻을 잘못 파악하여 말한 친구는 누구인지 쓰세요.

동우: "무쇠도 갈면 바늘 된다"라는 속담에서 '바늘'은 너무 작아서 아무 쓸모가 없는 것을 뜻하는 것 같아.

하경: "바늘 가는 데 실 간다"에서 '바늘'은 '실'과 단짝처럼 늘 붙어 다니는 가까운 친구 사이를 말하는 것 같아.

(   )

8

적용·창의

㉡에 담겨 있는 뜻이 잘 드러나도록 밑줄 친 부분을 알맞게 바꾸어 쓰세요.

• 바늘 가는 데 실 간다.

➡ (   ) 가는 데 (   ) 간다.

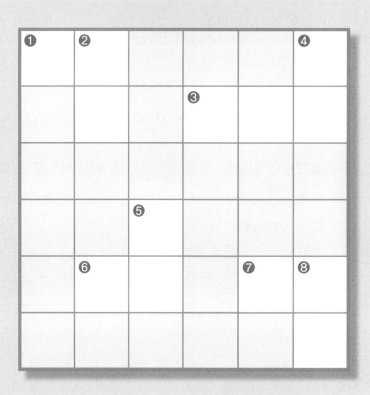

가로 →

❶ 절기나 명절을 따라 지내는 제사. '차례'라고도 함.

❸ 문화적 가치가 뛰어나서 법으로 보호를 받거나 받아야 하는 유물 및 유적.

❻ 어떤 것이 확실하다고 여기거나 받아들임.
예 ○○을 받다.

❼ 의견이나 사람을 높이어 귀중하게 여김.
예 생명 ○○

세로 ↓

❷ 집의 안채와 떨어져 있는, 주로 집안의 남자 주인이 머물며 손님을 맞는 곳.

❹ 이름이나 어떤 내용을 장부에 적어 올림.

❺ 공공 기관이나 단체, 개인 등이 어떤 것을 특별한 자격이나 가치가 있는 것으로 정함.
예 문화재 ○○

❽ 어떤 일을 중간에 멈추거나 그만둠.
예 운행을 ○○하다.

정답 및 해설 16쪽에서 확인하세요.

앗!

[정답 및 해설]이 어디 도망갔다고요?
길벗스쿨 홈페이지에 들어오세요.
도서 자료실에 딱 준비되어 있습니다!

기적의 독해력

실력편

정답 및 해설

4권

1 동물원 **2** ② **3** 어두웠어요 **4** ⑤
5 ㉮ → ㉣ → ㉯ **6** 한슬 **7** ⑵ ○

어휘력 강화 **1** ⑴ 억지로 ⑵ 아랑곳하지 ⑶ 시큰둥하게
2 ⑴ 굵게 ⑵ 싫다 **3** ⑴ ○

2 이 글에서 이야기를 이끌어 가는 중요한 인물은 민서입니다.

3 동생 민지 때문에 억지로 동물원에 온 민서의 표정은 어두웠을 것입니다.

4 민서는 억지로 동물원에 온 것이어서 처음에는 심술이 났지만 친구들과 동물의 닮은 점을 발견하면서 동물 구경을 하는 것이 점점 좋아졌습니다.

5 민서네 가족은 동물원에 도착하여 기린을 보고, 조류관, 해양관의 순서로 동물원을 둘러보았습니다.

6 동물원으로 가족 나들이를 갔다가 동물을 보며 친구를 떠올린 민서와 비슷한 경험을 말한 친구는 한슬이입니다.

7 이야기의 끝부분에서 민서가 친구들 생각에 동물 구경을 하는 것이 점점 좋아졌다고 했으므로 집으로 돌아갈 때 동물원에 대해 좋게 말하는 내용이 이어지는 것이 가장 자연스럽습니다.

어휘력 강화

1 ⑴ **억지로**: 이치나 조건에 맞지 않게 무리를 해서 강제로.
⑵ **아랑곳하다**: 어떤 일에 관심을 갖거나 신경을 쓰다.
⑶ **시큰둥하다**: 마음에 들지 않거나 못마땅하여 내키지 않는 듯하다.

2 ⑴ **가늘다**: 소리의 울림이 약하다.
굵다: 소리의 울림이 크다.
⑵ **좋다**: 어떤 일이나 대상이 마음에 들고 만족스럽다.
싫다: 마음에 들지 않다.

3 동물원에 관심이 없었던 민서의 모습은 "소 닭 보듯"이라는 속담과 어울립니다.

1 ② **2** ④ **3** ⑴ 초식 공룡 ⑵ 육식 공룡 **4** ⑤
5 ㉯ **6** ①, ④ **7** ⑵ ○

어휘력 강화 **1** ⑴ 풍부하다 ⑵ 지배하였다 ⑶ 구분
2 ⑴ 천천히 ⑵ 많이 **3** ⑴ ○

1 이 글은 공룡에 대하여 설명하는 글로, 중심 글감은 공룡입니다.

2 주어진 내용은 공룡을 생김새에 따라 구분한 것입니다.

3 초식 공룡은 식물을 좋아해서 나뭇잎이나 나무줄기, 열매 등을 먹었고, 육식 공룡은 고기를 좋아해서 다른 공룡이나 동물들을 잡아먹으며 살았습니다.

4 '내내'는 '처음부터 끝까지 계속해서.'라는 뜻입니다.

5 ❹문단의 주요 내용은 '공룡이 살던 시기의 지구는 초여름처럼 따뜻해서 먹을 것이 풍부하였고, 그 영향으로 공룡의 수도 함께 늘어났다.'입니다.

6 ② 초식 공룡 중 몸집이 큰 것은 몸길이가 약 25미터 정도 됩니다.
③ 공룡은 약 2억 년 동안 지구를 지배했습니다.
⑤ 공룡이 살던 시기의 지구는 먹을 것이 풍부하였습니다.

7 그림 속 공룡은 몸집이 크고 네 발로 다니는 것으로 보아, 초식 공룡임을 짐작할 수 있습니다.

어휘력 강화

1 ⑴ **공부하다**: 학문이나 기술을 배워서 지식을 얻다.
풍부하다: 넉넉하고 많다.
⑵ **지루하다**: 시간이 오래 걸리거나 같은 상태가 오래 계속되어 따분하고 싫증이 나다.
⑶ **구석**: 모퉁이의 안쪽.

2 '천천히', '많이'가 바르게 쓴 것입니다.
⑴ **천천히**: 움직임이나 태도가 느리게.
⑵ **많다**: 수나 양, 정도 등이 일정한 기준을 넘다.

3 "무쇠도 갈면 바늘 된다"는 무쇠를 갈아 바늘을 만드는 것처럼, 꾸준히 노력하면 아무리 어려운 일도 이룰 수 있다는 뜻입니다.

1 ④　**2** ⑤　**3** (1) 땅　(2) 지혜　(3) 전쟁　**4** ㉮

5 신화　**6** (3) ○　**7** 제우스

어휘력 강화　**1** (1) 최고　(2) 저마다

　　　　　　2 (1) ㉱　(2) ㉮　(3) ㉯　**3** (1) ○

1 이 글은 올림포스 12신에 대해 쓴 것으로, 글의 제목으로 가장 알맞은 것은 ④입니다.

2 ㉠ 바로 앞에 신들이 가진 특별한 능력에 대한 설명이 나와 있습니다.

3 포세이돈은 바다를, 데메테르는 땅을, 아테나는 지혜를, 아레스는 전쟁을 다스렸습니다.

4 ㉡은 세계 여러 나라마다 다른 신화가 전해져 내려오고 있다는 내용으로, 올림포스 12신에 대한 내용과 어울리지 않으므로 빼야 합니다.

6 올림포스 12신이 늘 회의를 열어 대화하고 타협하면서 신과 인간의 일들을 신중하게 결정했다고 했으므로 민주적이었다고 할 수 있습니다.

7 신들 중 최고의 신인 제우스는 천둥과 번개로 하늘을 다스렸습니다. 그리고 옛날 호메로스라는 시인은 제우스가 천둥과 번개를 마음대로 움직일 수 있다고 생각하여 제우스를 '번갯불을 던지는 자'라고 표현했습니다.

어휘력 강화

1 (1) **최신**: 가장 새로움.
　　최선: 모든 정성과 힘.
　(2) **해마다**: 그해 그해.
　　날마다: 하루도 빠짐없이.

2 (1) **벌**: 옷이나 그릇 등이 두 개 이상 모여 갖추어진 덩이를 세는 단위.
　(2) **명**: 사람의 수를 세는 단위.
　(3) **장**: 종이, 유리와 같이 얇고 넓적한 물건을 세는 단위.

3 올림포스 12신이 신중하게 판단한다고 하였으므로, '심사숙고(深 깊을 심 思 생각 사 熟 익을 숙 考 생각할 고)'가 관련 있는 사자성어입니다.

1 (3) ○　**2** 많이, 빨리　**3** (1) ○　**4** ⑤　**5** ⑤

6 현재　**7** (3) ○

어휘력 강화　**1** (1) 경쟁적　(2) 세부　(3) 공감

　　　　　　2 (1) ㉮　(2) ㉯　**3** (2) ○

1 주장하는 글의 제목은 글쓴이의 주장이 나타나도록 정하는 것이 좋습니다.

2 요즈음 주변에 책을 많이 읽기 위해서 빨리 읽는 친구들이 많은데, 그러면 여러 가지 문제가 생길 수 있다고 했습니다.

3 친구들이 책을 많이 읽기 위해 노력하고, 부모님과 선생님이 책을 많이 읽은 친구를 칭찬한다는 내용을 통해 사람들이 독서를 중요하게 생각한다는 것을 짐작할 수 있습니다.

4 글쓴이는 책을 제대로 읽자는 주장을 뒷받침하기 위해 책을 빨리 읽으면 생기는 문제를 세 가지 제시하였습니다.

5 '심혈'은 마음과 힘을 아울러 이르는 말이므로 '심혈을 기울이다'는 최선을 다한다는 뜻입니다.

6 현재는 책을 천천히 제대로 읽어야 한다는 생각을 말했지만, 생각을 뒷받침하는 까닭은 책을 빨리 읽어야 하는 까닭으로 적절합니다.

7 중심 내용과 세부 내용을 함께 살펴보며 천천히 읽어야 한다고 했으므로 (1)의 친구는 알맞지 않고, 책의 내용에 공감하거나 스스로 생각해 보며 읽어야 한다고 했으므로 (2)의 친구도 알맞지 않습니다.

어휘력 강화

1 (1) **경쟁적**: 어떤 분야에서 이기거나 앞서려고 서로 겨루는 것.
　(2) **세부**: 자세한 부분.

2 (1) **버리다**: 마음속에 가졌던 생각을 스스로 잊다.
　(2) **벌이다**: 일을 계획하여 시작하거나 펼쳐 놓다.

3 책을 대충 훑어본다고 했으므로 자세히 살피지 않고 대충대충 보고 지나간다는 뜻의 '주마간산(走 달릴 주 馬 말 마 看 볼 간 山 뫼 산)'이 관련 있는 사자성어입니다.

1 음식   **2** ⑤   **3** 한슬   **4** ㉯   **5** ④   **6** (2) ○
7 ㉣   **8** (3) ○

1 글 **가**에 나오는 엄마의 직업은 푸드 스타일리스트입니다. 글 **나**에서는 푸드 스타일리스트에 대해 그릇이나 소품, 테이블 등을 이용해 음식을 목적에 맞게 꾸미는 직업이라고 설명했습니다.

2 부침개를 보기 좋게 담지 않은 것을 불평하며 하는 말 뒤에 오는 속담이므로 "보기 좋은 떡이 먹기도 좋다"가 알맞습니다.
　① **시장이 반찬**: 배가 고프면 반찬이 없어도 밥이 맛있음을 비유적으로 이르는 말.
　② **수박 겉 핥기**: 맛있는 수박을 먹는다는 것이 딱딱한 겉만 핥고 있다는 뜻으로, 사물의 속 내용은 모르고 겉만 건드리는 일을 비유적으로 이르는 말.
　③ **누워서 떡 먹기**: 하기가 매우 쉬운 것을 비유적으로 이르는 말.
　④ **금강산도 식후경**: 아무리 재미있는 일이라도 배가 불러야 흥이 나지 배가 고파서는 아무 일도 할 수 없음을 비유적으로 이르는 말.

3 글 **가**를 읽고 엄마가 부지런한 사람인지는 알 수 없으므로 한슬이의 말은 알맞지 않습니다.

4 푸드 스타일리스트는 영화, 드라마, 광고 등에 내보낼 음식 관련 장면을 꾸미기도 하고, 레스토랑의 새로운 메뉴를 개발하는 일을 한다고 했으므로 ㉯는 알맞지 않습니다.

5 글 **가**는 폭죽놀이에 대한 글쓴이의 부정적인 생각을 담아 폭죽놀이로 인한 사고 소식을 전하는 기사문이고, 글 **나**는 해수욕장에서 폭죽놀이를 하지 말자는 주장을 쓴 글입니다. 두 글에는 해수욕장에서 폭죽놀이를 하면 안 된다는 생각이 담겨 있습니다.

6 해수욕장에서 폭죽놀이를 하면 안 된다는 생각을 앞부분(서론)에서 밝힌 다음, 『 』부분(본론)에서 그 까닭을 세 가지로 나누어 말하고 있습니다.

7 ㉠은 해수욕장에서 폭죽을 터뜨리는 것이 언제부터 법으로 금지되었는지, 법을 어기면 벌금이 얼마인지 설명하고 있으므로 ㉣과 관련이 있습니다.

8 해수욕장에서 폭죽놀이를 하면 안 된다는 생각에 어울리는 까닭을 찾아봅니다.

1 반쪽   **2** ⑤   **3** 마음   **4** ②, ④, ⑤   **5** ②
6 다혜   **7** ⑩ 따뜻하고 정다운 마음이 느껴져서 내 마음도 따뜻해진다.

어휘력 강화　**1** (1) 건넸다　(2) 절반
　　　　　　　2 (1) 받았다　(2) 갔다　**3** (2) ○

1 밤과 사과의 반쪽을 주고받으며 마음을 나눈다는 내용의 시입니다. 시에서 중요한 낱말을 찾아 제목을 짐작해 볼 수 있습니다.

2 이 시는 4연 10행의 짜임으로 이루어졌으며, 흉내 내는 말은 사용하지 않았습니다. 1연과 3연, 2연과 4연이 비슷하게 반복되고 있습니다.

3 밤과 사과를 주고받는 행동은 서로 마음을 나누는 것을 뜻합니다.

4 '네가', '간다'는 이 시에서 한 번만 나옵니다.

5 밤과 사과를 건네며 서로의 마음을 나누는 상황이 따뜻하게 느껴집니다.

6 친구에게 무엇을 주면서 마음을 나눈 경험을 말한 친구는 다혜입니다.

7 장면을 떠올리며 시를 읽고 시의 내용이나 표현 등과 어울리는 생각이나 느낌을 자유롭게 써 봅니다.

어휘력 강화

1 (1) **건너다**: 무엇을 넘거나 지나서 맞은편으로 가다.
　(2) **중반**: 어떤 일이나 일정한 기간의 중간 단계.

2 (1) **주다**: 물건 등을 남에게 건네어 가지거나 쓰게 하다.
　　받다: 다른 사람이 주거나 보내온 것을 가지다.
　(2) **오다**: 무엇이 다른 곳에서 이곳으로 움직이다.
　　가다: 한 곳에서 다른 곳으로 장소를 이동하다.

3 어렸을 때부터 작은 것도 나눠 먹으며 친하게 지냈다고 했으므로 '죽마고우(竹 대 죽 馬 말 마 故 옛 고 友 벗 우)'가 알맞습니다.

1 훈민정음　**2** ⑤　**3** ㉰　**4** ①　**5** ㉮
6 (1) 오른쪽　(2) 아래쪽　**7** ⑩ 글자로 자신의 생각이나 처한 상황을 다른 사람에게 전할 수 있게 되었다.

어휘력 강화　**1** (1) 고유　(2) 호소　(3) 조합　**2** ③
3 (2) ○

1 세종 대왕이 집현전 학자들과 함께 처음 한글을 만들었을 때의 이름은 '훈민정음'이었습니다.

2 ❷문단은 세종 대왕이 한글을 만든 까닭을 설명한 부분으로, 백성이 쉽게 배워서 쓸 수 있도록 하기 위해서라는 내용을 설명하였습니다.

3 ㉠은 백성들이 억울한 일을 당해도 글자를 몰라 억울함을 호소할 길이 없는 것을 말합니다.

4 자음 14자와 모음 10자만 배우면 수없이 많은 글자를 만들 수 있다고 하였으므로, ㉡에 알맞은 말은 '편리한'입니다.

5 ❸문단은 자음과 모음으로 글자를 만드는 방법과 한글의 편리함을 설명하는 부분이므로, ㉮를 덧붙이면 좋습니다.

6 한글 글자는 자음자와 모음자가 만나 이루어집니다. 자음자의 오른쪽에 모음자 'ㅏ, ㅑ, ㅓ, ㅕ, ㅣ'를 써서 '가, 갸, 거, 겨, 기'와 같은 글자를 만들 수 있고, 자음자의 아래쪽에 모음자 'ㅗ, ㅛ, ㅜ, ㅠ, ㅡ'를 써서 '고, 교, 구, 규, 그'와 같은 글자를 만들 수 있습니다.

7 한글을 배운 뒤 글을 읽지 못해 억울한 일을 당하는 백성들이 줄어들었을 것이고, 여자들도 한글을 익혀 책을 읽거나 편지를 쓸 수 있게 되었을 것입니다.

어휘력 강화

1 (1) **고유**: 본래부터 가지고 있는 특유한 것.

2 문장에서 어떤 말이 '무엇을'에 해당하는 역할을 할 때, 그 표시를 나타내 주어야 합니다. 그때 '을'이나 '를'을 붙이는데 자음으로 끝나는 말에는 '을'을 붙이고, 모음으로 끝나는 말에는 '를'을 붙입니다.

3 세종 대왕이 눈이 안 좋아지는 힘든 일을 겪으면서도 노력한 끝에 훈민정음을 만들었다는 내용에는 "고생 끝에 낙이 온다"는 속담이 어울립니다.

1 ㉯　**2** (1) 오후 7시 44분　(2) 5.1　(3) 오후 8시 32분
(4) 5.8　**3** ①　**4** (2) ○　**5** ④　**6** ③　**7** 승호

어휘력 강화　**1** (1) 감지　(2) 사례　(3) 잇따라
2 (1) 일어난　(2) 멎었다　**3** (1) ○

1 경주에서 발생한 지진으로 여러 피해 사례와 이로 인한 후유증을 겪는 사람들이 늘고 있다는 사실을 전하는 기사문입니다.

2 2016년 9월 12일 오후 7시 44분에 규모 5.1의 1차 지진이 발생했고, 오후 8시 32분에 규모 5.8의 2차 지진이 발생했습니다.

3 지진으로 건물이 흔들려 무서웠다고 하였지 건물이 무너졌다고 하지는 않았습니다.

5 지진이 발생했을 때에는 운동장이나 공원과 같이 무너질 만한 건물이 없는 곳이 안전하기 때문에 ㉡과 같이 말한 것입니다.

6 기사문의 마지막 부분에 나오는 전문가의 말에서 지진이 발생했을 때 대피하는 방법을 알 수 있습니다.

7 지진이 발생하면 가방이나 방석, 베개로 머리를 보호하면서 계단을 이용하여 건물 바깥으로 빨리 대피해야 합니다. 예지는 엘리베이터를 이용하려고 하고 있고, 윤성이는 머리를 보호하지 않고 대피하고 있으므로 잘못된 대피 모습입니다.

어휘력 강화

1 (1) **감격**: 마음에 깊이 느끼어 크게 감동함. 또는 그 감동.
(3) **뒤따르다**: 어떤 일에 따른 결과로 나오다.

2 (1) '발생하다'는 '어떤 일이 일어나거나 사물이 생겨나다.'라는 뜻으로 '일어나다'와 바꾸어 쓸 수 있습니다.
(2) '멈추다'는 '사물의 움직임이나 상태가 계속되지 않다.'라는 뜻으로, '멎다'와 바꾸어 쓸 수 있습니다.

3 '입을 모으다'는 '여러 사람이 어떤 일에 대해 똑같이 말하다.'라는 뜻입니다. 주어진 문장에 '입을 모았다'라는 관용어를 넣으면 전문가들이 지진 대피 방법에 대해 모두 같은 의견을 말했다는 뜻이 됩니다.

1 ① **2** ⑤ **3** (1) 스스로 (2) 약자 **4** ④ **5** ⑤
6 (3) ○ **7** ㉔

어휘력 강화 **1** (1) 공경 (2) 배려 (3) 강요
2 (1) 갖고 (2) 같고 **3** (2) ○

1 문제 상황이 드러난 부분은 **1**문단입니다. 글쓴이가 생각하는 문제 상황은 대중교통을 이용할 때 자리 양보를 강요하는 어르신들 때문에 사람들의 기분이 상하거나 싸움까지 일어나기도 한다는 것입니다.

2 글쓴이는 나이가 많은 어르신들이 무조건 자리 양보를 강요하는 것에 대해 부정적으로 생각하고 있습니다. 따라서 ㉠에 들어갈 제안으로 알맞은 것은 ⑤입니다.

3 **2**문단과 **3**문단을 읽고 글쓴이가 나이가 많은 어르신들이 무조건 자리 양보를 강요하지 말아야 한다고 생각하는 까닭을 정리하여 씁니다.

4 어린이, 임산부, 장애인도 나이가 많은 어르신들처럼 사회적으로 보호받아야 하는 약자라고 하였습니다.

5 보기 에 주어진 낱말처럼 앞에 있는 낱말이 뒤에 있는 낱말을 포함하는 관계인 것은 ⑤입니다.

6 나이가 많은 어르신들께 무조건 자리를 양보해야 하는 까닭으로 알맞은 것을 찾아야 합니다. (1)은 대중교통은 아이부터 어른까지 여러 사람이 이용하므로 알맞지 않은 내용이고, (2)는 나이가 많은 어르신들께 무조건 자리를 양보하지 않아도 되는 까닭으로 적절합니다.

7 글쓴이가 제안하는 내용에 덧붙이기에 알맞은 자료는 ㉔입니다.

어휘력 강화

1 (1) **공개**: 어떤 사실이나 사물, 내용 등을 사람들에게 널리 알림.
    (3) **중요**: 귀중하고 꼭 필요함.

2 (1) **갖다**: 무엇을 손에 쥐거나 몸에 지니다.
    (2) **같다**: 서로 다르지 않다.

3 "찬물도 위아래가 있다"는 찬물을 먹더라도 어른부터 차례로 마셔야 한다는 속담으로, 무슨 일이든 나름의 순서가 있으니 차례를 따라야 한다는 뜻입니다.

1 ①, ③ **2** ㉘ **3** 진동 **4** (1) 왼쪽 그림에 ○표
(2) 왼쪽 그림에 ○표 **5** **나** **6** ⑤ **7** 성빈
8 (2) ○

1 글 **가** 에서는 유리컵 실로폰을 만드는 방법을 설명하였고, 글 **나** 에서는 멜로디 도로의 역할을 설명하였습니다.

2 유리컵 실로폰과 멜로디 도로는 모두 진동하면서 소리가 나는 성질을 이용해 만든 것입니다.

3 실로폰은 음판이 진동하면서 소리가 나는 성질을 이용해 만든 악기입니다. 실로폰과 같은 원리로 만든 멜로디 도로는 홈 위로 자동차 바퀴가 지나가면 진동이 생겨 소리가 납니다.

4 유리컵 실로폰에서 물의 양이 적을수록 높은 소리가 나므로 (1)에서 낮은 소리가 나는 경우는 왼쪽 그림입니다. 멜로디 도로는 홈과 홈 사이의 간격이 넓으면 낮은 소리가 난다고 하였으므로 (2)에서 낮은 소리가 나는 경우는 왼쪽 그림입니다.

5 글 **가** 는 전래 동화, 글 **나** 는 고려의 장군 최영에 대한 전기문입니다.

자세하게

'전래 동화'와 '전기문'
• 전래 동화는 오래 전부터 전해 내려오는 꾸며 쓴 이야기로, 글쓴이가 알려져 있지 않은 경우가 많습니다.
• 전기문은 위인이 태어나면서부터 죽을 때까지의 일생을 기록한 글로, 위인의 업적, 성품 등을 기록하기 때문에 꾸미거나 과장하지 않고 사실에 바탕하여 씁니다.

6 글 **가** 에 나오는 선비와 글 **나** 에 나오는 최영 장군은 모두 곧은 마음가짐으로 정직하게 살았습니다.

7 글 **가** 에서 선비는 도둑이 솥 안에 놓고 간 돈을 받지 않았습니다. 따라서 태환이는 글의 내용과 맞지 않는 생각이나 느낌을 말하였습니다.

8 글 **나** 에 나오는 최영 장군은 재물과 세력에 흔들리지 않고 나라를 지키는 일에 몰두하며 청렴하게 살았습니다. 따라서 최영 장군의 삶과 관련 있는 사자성어는 '명경지수(明 밝을 명 鏡 거울 경 止 그칠 지 水 물 수)'입니다.

1 ①, ⑤ **2** ④ **3** ④ **4** ③ **5** 친척 **6** 채원

7 (1) ✕

어휘력 강화 **1** (1) 사이 (2) 공손히 (3) 활짝

2 (1) 담았다 (2) 닮았다 **3** (1) ○

1 ①은 장소를 나타내는 말이고, ⑤는 시간을 나타내는 말입니다.

2 '나'는 작은할아버지께 인사를 드렸고, 처음 보는 친척들 모두를 찾아가 인사를 하지는 않았습니다.

3 작은할아버지는 할아버지의 동생이자 아빠의 작은아버지이며 아빠를 귀여워해 주셨다고 했습니다.

4 ⓒ은 엄마, 아빠로 연결된 친척들 사이의 인연을 가리키는 말입니다. '끈'은 인연이나 관계를 비유적으로 이르는 말입니다.

5 '삼촌', '할아버지', '작은할아버지'는 모두 '친척'에 포함되는 낱말입니다.

6 '나'는 처음 보는 친척들에게서 따뜻함을 느꼈다고 했으므로 채원이의 말이 가장 알맞습니다.

7 제인 구달은 침팬지와 자연을 사랑한 분으로, 어려운 이웃을 도와주고 나눔을 실천한 인물은 아닙니다.

어휘력 강화

1 (1) **사이**: 서로 맺은 관계나 사귀어서 정이 든 정도.
(3) **활짝**: 얼굴이 밝거나 가득히 웃음을 띤 모양.

2 (1) **담다**: 어떤 물건을 그릇 등에 넣다.
(2) **닮다**: 사람 또는 사물이 서로 비슷한 생김새나 성질을 지니다.

3 (1) **이웃이 사촌보다 낫다**: 가까이 사는 이웃끼리 서로 친하게 지내면 먼 곳에 사는 친척보다 더 정도 들고 관계도 더 좋을 수 있다는 말.
(2) **사촌이 땅을 사면 배가 아프다**: 남이 잘되는 것을 기뻐해 주지는 않고 오히려 질투하고 시기하는 것을 나타내는 말.

1 황사, 대비 **2** (1) ○ **3** ③ **4** ④ **5** ㉮

6 영훈 **7** (3) ○

어휘력 강화 **1** (1) 적정 (2) 대비 (3) 확인 **2** ②

3 (2) ○

1 이 글은 황사에 대비하는 방법을 구체적으로 알려 주기 위해 쓴 것으로, 황사의 뜻과 황사 대비 방법, 황사 발생 상황 확인 방법으로 나누어 설명하였습니다.

2 ❶은 황사가 무엇인지 설명해 주는 내용이므로 '황사가 뭐예요?'가 알맞습니다.

3 황사는 중국이나 몽골 등에서 발생하여 서풍을 타고 우리나라를 거쳐 일본, 태평양, 북아메리카까지 날아간다고 했습니다.

4 '가급적'은 '할 수 있거나 가능한 대로.'라는 뜻으로, '되도록'과 바꾸어 쓸 수 있습니다.

5 기상 콜센터 전화번호는 113이 아니라 131입니다.

6 선정이와 주영이가 말한 내용은 글에 이미 설명되어 있습니다.

7 (1) 관측 수치가 '나쁨' 이상일 때 가급적 외출하지 말라고 했는데, 속초는 황사가 '보통' 단계이므로 외출해도 괜찮습니다.
(2) 서울은 황사가 '매우 나쁨' 단계이므로 외출할 경우 긴 소매 옷을 입어야 합니다.

어휘력 강화

1 (3) **확인**: 틀림없이 그러한가를 알아보거나 인정함. 또는 그런 인정.

2 ① 봄비 → 봄+비
③ 벽돌 → 벽+돌
④ 책가방 → 책+가방
⑤ 돌다리 → 돌+다리

3 황사를 대비하기 위해 미리 준비하는 내용에는 '유비무환(有 있을 유 備 갖출 비 無 없을 무 患 근심 환)'이 어울립니다.

1 ⑤ 2 (2) ○ 3 ㉮ 4 ③ 5 게 6 ③
7 (1) ×

어휘력 강화 1 (1) 영역 (2) 뿜어내는 (3) 의사소통
2 ⑤ 3 ③

1 동물들이 소리 없이 어떻게 대화하는지 설명하는 글입니다.

2 ㉠은 '생각이나 느낌을 표현하고 전달하는 사람의 소리.'라는 뜻입니다.
(1) **말**: 곡식, 액체, 가루 등의 부피를 재는 단위.
(3) **말**: 고누나 윷놀이 따위를 할 때 말판에서 정해진 규칙에 따라 옮기는 작은 물건.

3 코끼리와 게를 예로 들어 몸짓으로 대화하는 방법을 설명하였으므로, ㉮가 알맞습니다.

4 코끼리는 위험한 상황을 알리기 위해 크고 무거운 발로 땅을 쿵쿵 울립니다.

5 반딧불이, 발광새우, 발광눈금돔은 모두 빛으로 대화하는 동물이고, 게는 몸짓으로 대화하는 동물입니다.

6 제시된 내용은 줄무늬 몽구스가 냄새로 대화하는 방법을 설명한 것이므로 **3**문단에 덧붙이기에 알맞습니다.

7 게는 집게발을 무기로 사용하기도 하지만, 집게발을 움직이면서 암컷들에게 다가오라고 말하기도 합니다.

어휘력 강화

1 (1) **영향**: 어떤 것의 효과나 작용이 다른 것에 미치는 것.
(2) **끌어내다**: 물건을 당겨서 밖으로 나오게 하다.
뿜어내다: 속에 있는 것을 뿜어서 밖으로 나오게 하다.
(3) **의미심장**: 뜻이 매우 깊음.

2 '에게'는 혼자 쓰일 수 없고 어떤 행동이 미치는 대상을 나타내는 말에 붙어 사용됩니다.

3 '배꼽을 잡다'는 '웃음을 참지 못하여 배를 움켜잡고 크게 웃다.'라는 뜻의 관용어입니다.

1 ② 2 ⑤ 3 (1) 수입 (2) 지출 4 (1) 수입
(2) 낭비 (3) 저축 5 ㉯ 6 예 나도 용돈 기입장을 쓰는 것이 좋다고 생각한다. 왜냐하면 용돈 기입장을 쓰면 불필요한 소비를 줄일 수 있기 때문이다. 7 채운

어휘력 강화 1 (1) 낭비 (2) 합리적 (3) 짜임새
2 (1) 베었다 (2) 배었다 3 (1) ○

1 용돈 기입장을 쓰자는 주장을 펼치기 위해 쓴 글입니다.

2 ㉠ '그런 경험'이란 용돈을 받자마자 한꺼번에 다 써 버려서 나중에 후회했던 일을 말합니다.

3 용돈을 받은 것은 수입에 해당되고, 용돈을 쓴 것은 지출에 해당됩니다.

4 글쓴이가 용돈 기입장을 쓰면 좋은 점으로 든 세 가지를 정리하여 봅니다.

5 어릴 때 몸에 밴 버릇은 늙어 죽을 때까지 고치기 힘들다는 뜻의 속담이 들어가야 합니다.
㉮ **낫 놓고 기역 자도 모른다**: 기역 자 모양의 낫을 앞에 두고 기역 자를 모를 만큼 매우 무식하다는 뜻.
㉰ **낮말은 새가 듣고 밤말은 쥐가 듣는다**: 아무도 안 듣는 데서라도 말조심을 해야 한다는 뜻.

7 용돈을 합리적으로 관리하기 위해서 용돈 기입장을 쓰자는 글을 읽고 바르게 실천한 친구는 예서입니다.

어휘력 강화

1 (3) **짜임새**: 글, 이론 등의 내용이 체계를 잘 갖춘 상태.

2 (1) **베다**: 날이 있는 연장 따위로 무엇을 끊거나 자르거나 가르다.
(2) **배다**: 어떤 태도나 생각, 행동 등이 버릇이 되어 익숙해지다.

3 (1) **티끌 모아 태산**: 아무리 작은 것이라도 모이고 모이면 나중에 큰 덩어리가 됨을 비유적으로 이르는 말.
(2) **고양이 목에 방울 달기**: 실제로 행동하기 어려운 일을 헛되이 의논함을 뜻하는 말.

1 (2) ○ **2** ③ **3** ②, ⑤ **4** ㉮, ㉣
5 야식, 야식 증후군 **6** 예 살이 쪄서 몸이 뚱뚱해질 수 있다. **7** ④ **8** ①, ②

1 글 **가**의 늑대와 글 **나**의 들판을 달리는 사자는 자기가 가고 싶은 곳에 자유롭게 갈 수 있습니다.

2 ㉠과 ㉡에는 내용이 서로 반대인 두 개의 문장을 이어 줄 때 쓰는 말인 '하지만'이 들어가기에 알맞습니다.

> **자세하게**
>
> 이어 주는 말은 문장과 문장의 내용을 연결하여 주는 말입니다.
> • 그리고: 앞 문장에 덧붙이는 내용이 이어질 때에 씁니다.
> • 그래서: 두 문장이 원인과 결과의 관계일 때에 씁니다.
> • 그러므로: 앞의 내용이 뒤의 내용의 이유나 원인이 될 때에 씁니다.
> • 왜냐하면: 두 문장이 결과와 원인의 관계일 때에 씁니다.

3 자유는 다른 사람의 자유도 소중히 여기면서 가고 싶은 데를 마음대로 가고, 자신의 생각을 마음껏 표현하는 것을 말합니다.

4 무엇에 얽매이거나 구속되지 않고 자기의 생각과 의지대로 행동한 것의 예로 알맞은 것은 ㉮와 ㉣입니다. ㉯는 다른 사람을 생각하지 않고 자기가 하고 싶은대로 행동하였고, ㉰는 엄마에 얽매이거나 구속되어 있으므로 자유의 예로 알맞지 않습니다.

5 글 **가**는 야식을 먹지 말자는 의견이 담긴 글이고, 글 **나**는 야식을 계속 먹게 되어 생기는 병인 야식 증후군에 대해 설명하는 글입니다.

6 글 **가**의 글쓴이가 야식을 먹지 말자고 주장하는 까닭 중 두 번째 내용이 들어가야 합니다.

7 저녁에 영양소가 풍부한 음식으로 늦지 않게 먹으라고 했고, 야식을 먹으면 소화가 잘 되지 않는다고 했습니다.

8 ① '수면'은 '잠을 자는 일.'이라는 뜻으로 '잠'과 바꾸어 쓸 수 있습니다.
② '질환'은 '몸의 온갖 병.'이라는 뜻으로 '병'과 바꾸어 쓸 수 있습니다.

1 집 **2** ①, ③, ④ **3** (2) ✕ **4** 후후 **5** ② **6** ④
7 (2) ○

> **어휘력 강화** **1** (1) 주름진 (2) 막다른 (3) 뿌연
> **2** ③ **3** (1) ○

2 아버지의 구두가 찢어져 있었다는 내용과 아버지께서 '나'에게 구두를 닦아 달라고 부탁하셨다는 내용은 시에 나타나 있지 않습니다.

3 '나'는 아버지의 구두를 닦으며 아버지께서 가로수 낙엽이 깔린 보도 블록에 서 계신 모습을 떠올렸으므로 (2)는 알맞지 않습니다.

5 이 글은 고생하시는 아버지에 대한 자식의 따뜻한 사랑이 담긴 시입니다.

6 '허연 성에를 지우듯'은 아버지의 구두 주름 사이에 낀 먼지를 닦아 내는 모습을 빗대어 표현한 것이므로 ④와 같이 바꾸어 쓸 수 있습니다.

7 '내'가 아버지의 구두를 닦으며 생각하거나 느낀 점이 들어가야 합니다. 시의 내용에 어울리는 생각이나 느낌을 찾아봅니다.

> **어휘력 강화**

1 (1) **기름지다**: 음식물 따위에 기름기가 많다.
　　주름지다: 종이나 옷감에 구김살이 생기다.
(2) **별다르다**: 다른 것과 특별히 다르다.
(3) **뿌옇다**: 연기나 안개가 낀 것처럼 선명하지 못하고 좀 허옇다.
　　투명하다: 물 따위가 속까지 환히 비치도록 맑다.

2 '부츠, 구두, 운동화'는 '신발'의 종류이므로 이것을 모두 포함하는 낱말은 '신발'입니다.

3 아버지가 가족을 위해 바쁘게 다니시며 고생을 하신다는 내용이므로 '동분서주(東 동녘 동 奔 달릴 분 西 서녘 서 走 달릴 주)'가 알맞습니다.

1 이로운 **2** 예 무당벌레가 농약과 같은 역할을 하기 때문이다. **3** ㉮ **4** ② **5** ④ **6** ㉰ **7** (3) ○

어휘력 강화 **1** (1) 즙 (2) 해충 (3) 농약 **2** ②
3 (2) ○

1 '해롭다'는 '해가 되는 점이 있다.'는 뜻이고, '이롭다'는 '도움이나 이익이 되다.'는 뜻입니다.

2 '농작물에 무당벌레가 있으면 농약을 뿌리지 않아도 해충을 없앨 수 있기 때문이다.'와 같이 써도 됩니다.

3 ㉡을 해결하기 위해 과학자들이 다른 나라에서 이세리아깍지벌레의 천적인 베달리아무당벌레를 구해 와 귤밭에 뿌렸다고 했습니다.

4 ①과 ⑤는 **3**문단에, ③과 ④는 **2**문단에 나와 있는 내용입니다.

5 **2**문단의 무당벌레가 진딧물과 깍지벌레를 잡아먹는다는 내용과 **3**문단의 베달리아무당벌레가 이세리아깍지벌레의 천적이라는 내용을 통해 진딧물과 깍지벌레의 천적은 무당벌레임을 짐작할 수 있습니다.

6 이 글은 무당벌레가 농약을 대신할 수 있는 이로운 곤충이라는 내용이므로 ㉰가 글의 제목으로 알맞습니다.

7 글에서 무당벌레가 살아 있는 농약이라고 했으므로 (3)의 말이 알맞습니다.

어휘력 강화

1 (1) **찌꺼기**: 액체 속에 있다가 액체가 다 빠진 뒤에 바닥에 남은 나머지.
(2) **익충**: 사람에게 이익을 주는 곤충. 반 해충
(3) **화약**: 열, 전기, 충격 등의 자극을 가하면 순간적으로 폭발하는 고체 또는 액체 상태의 물질.

2 오늘 아침부터 배가 아파서 학교에 가지 못했다는 내용이 되어야 하므로 빈칸에 알맞은 말은 '그래서'입니다.

3 "쇠뿔도 단김에 빼랬다"는 든든히 박힌 소의 뿔을 뽑으려면 불로 달구어 놓은 김에 해치워야 한다는 뜻으로, 하려고 마음먹은 일은 마음먹었을 때 곧바로 해야 한다는 말입니다.

1 문익점 **2** ㉯ **3** (3) ○ **4** 가르쳐 **5** 효주
6 ④ **7** ㉰

어휘력 강화 **1** (1) ㉮ (2) ㉯ (3) ㉰ **2** 못 **3** (1) ○

1 이 글은 훌륭한 일을 한 인물에 대해 쓴 전기문으로, 전기문의 주인공은 문익점입니다.

2 문익점이 원나라에 왜 갔는지는 글에 나타나 있지 않습니다.

3 얇은 베옷 하나로 겨울을 나야 했던 백성들을 생각했다는 내용이 앞에 나오는 것으로 보아, 목화를 우리나라에서 재배하면 좋겠다는 생각이 어울립니다.

4 ㉡은 원나라 승려 홍원에게서 무명실을 뽑아내는 방법을 배웠다는 내용이므로 원나라 승려 홍원이 무명실을 뽑아내는 방법을 가르쳐 주었다는 내용이어야 같은 뜻의 문장이 됩니다.

5 목화 재배가 널리 퍼졌고 무명으로 옷을 해 입는 백성들이 늘어났다고 했으므로, ㉢은 목화씨 덕분에 옷 입는 생활과 백성들의 삶이 달라져 세상이 바뀌었다는 뜻임을 알 수 있습니다.

6 고려 백성들이 입은 베옷은 겨울에 추위를 막아 주지 못했다고 했습니다.

7 문익점 덕분에 따뜻한 무명옷을 입게 된 것이므로 ㉰의 소개 내용이 알맞습니다.

어휘력 강화

2 '못'은 부정을 뜻하는 말로, 주로 움직임을 나타내는 말과 함께 쓰입니다. 움직임을 나타내는 말 앞에 부정의 의미를 나타낼 때에는 '못'을 쓰고, 움직임을 나타내는 말 뒤에 부정의 의미를 나타낼 때에는 '-지 못하다'를 씁니다.
예 못 먹다 → 먹지 못하다.
　　　　　　움직임을 나타내는 말
그래서 '막아 주지 못했어요'는 '못 막아 주었어요'로 바꾸어 쓸 수 있습니다.

3 목화씨를 정성껏 키웠다는 내용이 뒤에 나오므로 '애지중지(愛 사랑 애 之 갈 지 重 중요할 중 之 갈 지)'가 알맞습니다.

19 DAY

96~99쪽

1 ④ **2** 바이러스, 전염 **3** ㉰ **4** ①, ④ **5** 성빈
6 ㉮ **7** ②, ④

어휘력 강화 **1** (1) 타인 (2) 전염 (3) 착용 **2** ③
3 (2) ○

1 마스크 착용의 중요성을 알려 마스크를 잘 쓰게 하려는 목적으로 만들어진 광고입니다.

2 마스크 착용은 각종 바이러스 전염을 예방해 준다고 했습니다.

3 마스크를 쓰면 전염병을 예방할 수 있는데, 예방 주사를 맞는 것과 달리 아프지 않기 때문에 마스크 착용을 안 아픈 예방 접종이라고 한 것입니다.

4 '각종'의 뜻은 '온갖 종류. 또는 여러 종류.'입니다. '각가지'는 '여러 가지.'를 뜻합니다.

5 마스크를 주사기 모양으로 표현해서 광고를 보는 사람들이 광고의 내용을 더 잘 이해할 수 있게 했습니다.

6 마스크를 쓰자는 주장을 해야 하므로 ㉮가 주장하는 글의 제목으로 가장 알맞습니다.

7 사람들에게 마스크를 잘 써야 한다고 주장하는 것 외에 마스크를 어떻게 써야 하는지, 다 쓴 마스크는 어떻게 버려야 하는지를 함께 알려 주면 더 효과적입니다.

어휘력 강화

1 (2) **전염**: 병이 남에게 옮음.

2 '이 책의 주인은', '언니의 얼굴에'가 자연스럽습니다. 조사 '~의'는 앞의 말이 뒤의 말에 대하여 소유, 소속 등의 관계를 가짐을 나타냅니다.

3 (1) **눈에 불을 켜다**: 몹시 욕심을 내거나 관심을 기울이다.
(2) **날개 돋치다**: 상품이 빠른 속도로 팔려 나가다.
(3) **뜸을 들이다**: 일이나 말을 할 때 한동안 멈추어서 듣는 이를 초조하게 하거나 기대를 불러일으키다.

20 DAY

100~103쪽

1 ② **2** (4) × **3** (1) 가을이 와서 (2) 낮 동안 뛰어놀던 아이들이 생각나서 **4** 유연 **5** ①, ③, ⑤ **6** 마치
7 (1) ㉮ (2) ㉯ **8** (2) ○

1 시 가와 나의 중심 글감은 모두 '귀뚜라미'입니다.

2 시 가와 나는 모두 묻고 대답하는 형식으로 되어 있지 않습니다.

3 시 가에서 귀뚜라미는 가을이 왔다고 운다고 했습니다. 시 나에서 귀뚜라미는 낮 동안 뛰어놀던 아이들 생각에 잠을 못 자고 운다고 했습니다.

4 시 나에서 귀뚜라미가 낮에 아이들에게 잡힐 뻔해서 무서웠다면 아이들을 생각하며 울지 않을 것이므로 유연이의 말은 시에 대한 생각이나 느낌으로 알맞지 않습니다.

5 처음에는 친구들도 피카소의 작품을 인정하지 않았고, 피카소는 대표적인 입체파 작가라고 했으므로 ②와 ④는 알맞지 않습니다.

6 '마치 퍼즐 조각을 맞춘 것처럼'이 자연스럽습니다.

자세하게

- '마치'는 '거의 비슷하게.'라는 뜻으로, '~같이, ~처럼' 등과 함께 쓰입니다.
- '만약'은 '혹시 있을지도 모르는 뜻밖의 경우에.'라는 뜻으로 '~라면', ~한다면' 등과 함께 쓰입니다.
- '설마'는 '그럴 리는 없겠지만.'이라는 뜻으로, 부정적인 추측을 강조할 때 쓰며 '~까?, ~느냐?' 등과 함께 쓰입니다.

7 피카소의 그림이 인정받기 전에는 그림을 보이는 대로 그리려고 했고, 피카소의 그림이 인정받은 뒤에는 화가의 생각대로 단순하게 표현하거나 독특한 방법으로 그리게 되었습니다.

8 글 나에서 설명한 입체파의 특징에 알맞은 그림을 찾아봅니다. (1)은 레오나르도 다빈치가 그린 「모나리자」, (2)는 피카소가 그린 「인형을 든 마야」입니다.

1 주막   2 ③, ⑤   3 왜   4 예 주인은 진주 구슬을 찾고 거위도 살릴 수 있었다.   5 ①, ④   6 (2) ○
7 (3) ○

어휘력 강화   1 (1) 묵었다 (2) 헛간 (3) 변명
2 (1) 꿀꺽 (2) 깜짝 (3) 꽁꽁   3 (2) ○

2 윤회는 거위가 진주 구슬을 삼킨 것을 주인에게 말하지 않았고, 윤회를 의심한 주인은 내일 관가에 윤회를 데려가기로 하고 도망가지 못하게 헛간 기둥에 묶었습니다.

3 ㉠에 '왜'를 넣으면 윤회가 왜 그러는지 이해할 수 없었다는 내용이, ㉡에 '왜'를 넣으면 왜 어제 말하지 않았냐고 물어보는 내용이 됩니다.

4 윤회가 주인에게 거위가 진주 구슬을 삼킨 것을 말하지 않아서 어떤 결과가 생겼는지 정리해 봅니다. 윤회 덕분에 주인은 진주 구슬도 찾고 거위도 살릴 수 있었습니다.

5 "내가 어제 말했다면 ~ 죽었을 거요."라는 윤회의 말에서 동물의 생명도 소중하게 생각함을 엿볼 수 있습니다. 또 도둑으로 의심받는 상황에서도 거위도 자신 옆에 매어 달라고만 하며 침착하게 다음 날을 기다리는 모습에서 어려운 일도 지혜롭게 해결할 수 있다는 믿음이 있음을 엿볼 수 있습니다.

6 주인은 윤회가 마당에 있었다는 이유로 경솔하게 윤회를 의심했지만, 나중에는 윤회의 말을 듣고 자신의 행동을 부끄럽게 생각하며 고개 숙여 고마워했습니다.

7 동물의 목숨을 중요하게 생각한 윤회는 (3)과 같은 말을 했을 것입니다.

어휘력 강화

1 (1) 묵다: 일정한 곳에서 나그네로 머무르다.
  (3) 변명: 어떤 잘못이나 실수에 대하여 구실을 대며 그 까닭을 말함.

2 (1) 꿀꺽: 액체나 음식물 따위가 목구멍이나 좁은 구멍으로 한꺼번에 많이 넘어가는 소리. 또는 그 모양.
  (3) 꽁꽁: 풀리거나 열리지 않도록 아주 단단하게 묶거나 잠근 모양.

3 구슬도 찾고 거위도 살릴 수 있었다고 했으므로 '일석이조(一 한 일 石 돌 석 二 두 이 鳥 새 조)'가 관련 있는 사자성어입니다.

1 ②   2 이코노미 클래스 증후군   3 (1) 착륙 (2) 폈다
4 4   5 ㉯   6 지우   7 ②, ③, ④

어휘력 강화   1 (1) 건조해서 (2) 먹먹해졌다 (3) 끔찍한
2 (1) 잃어버렸다 (2) 앉아   3 (1) ○

1 이 글은 비행기를 오래 탈 때 주의할 점에 대해 알려 주는 글입니다.

2 4 문단에서 이코노미 클래스 증후군이 무엇인지 알려 주었습니다.

3 (1) 이륙: 비행기 등이 날기 위해 땅에서 떠오름.
  착륙: 비행기 등이 공중에서 땅에 내림.
  (2) 굽히다: 한쪽으로 구부리거나 휘게 하다.
  펴다: 굽은 것을 곧게 하다. 또는 움츠리거나 오므라든 것을 벌리다.

4 '이제까지 알려 준 주의 사항을 실천해서'라는 내용이 나오므로 글의 마지막 부분에 들어가는 것이 알맞습니다.

5 운전도 오래 앉아서 하는 일이므로 한 번씩 쉬며 스트레칭하면 좋습니다. 비행기 안은 매우 건조해서 물이나 주스가 감기나 호흡기 질환 예방에 도움이 된다고만 했으므로 ㉮는 알맞지 않습니다. 비행기가 이륙하거나 착륙할 때 귀가 먹먹해지면서 아플 수 있는데 이럴 때 껌이나 사탕이 도움이 된다고 했으므로 ㉰도 알맞지 않습니다.

6 4 문단의 마지막 문장에서 이코노미 클래스 증후군을 막기 위해서 어떤 체조를 하면 좋은지 알려 주었으므로 채운이의 말은 알맞지 않습니다.

7 물은 비행기 안이 건조하기 때문에 자주 마시라고 했고, 비행기에서 1~2시간에 한 번씩 일어나 체조를 하는 게 좋다고 했습니다.

어휘력 강화

1 (1) 더럽다: 때나 찌꺼기 따위가 있어 지저분하다.
  (2) 막막하다: 보이거나 들리는 것이 희미하고 어떻게 하면 좋을지 모르다.
  (3) 깜찍하다: 생김새나 모습이 작고 귀엽다.
  끔찍하다: 보기 힘들 정도로 무섭다.

3 비행기가 흔들리는 일은 갑자기 일어나는 일이므로 "마른 하늘에 날벼락"이라는 속담이 어울립니다.

23 DAY

1 ③ 2 ③ 3 ② 4 낟알 5 (1) 깨가 쏟아지다
(2) 깨를 터는 일에서 나온 말이다. 6 (3) × 7 유민

어휘력 강화 1 (1) 털었다 (2) 건방지게 (3) 티끌
2 (1) 졸이며 (2) 조리며 3 (1) ○

1 '까불다'는 키를 까부르는 일, '조바심이 나다'는 조의 낟알을 털어 내는 일, '깨가 쏟아지다'는 깨를 터는 일에서 나온 말이라고 했습니다. 이 일들은 모두 농사일이므로 ㉠에는 '농사'가 들어가야 합니다.

2 키를 위아래로 바쁘게 움직이는 행동을 뜻했던 '까불다'가 차분하지 못하고 가볍게 행동한다는 뜻으로까지 확대되어 쓰이고 있습니다.

3 조의 낟알을 털어 내는 일은 어렵지만 깨를 터는 일은 쉽다고 했으므로 '조바심과는 반대지.'가 알맞습니다.

4 낟알의 뜻을 설명한 것입니다.

5 이 글은 농사와 관련이 있는 말 중 '까불다', '조바심이 나다', '깨가 쏟아지다' 세 가지를 설명하였습니다.

6 '조바심이 나다'는 일이 뜻대로 되지 않을까 봐 마음을 졸인다는 뜻이므로 (3)은 알맞지 않습니다.

7 농사와 관련된 말에 대해 이야기한 친구는 유민이입니다.

어휘력 강화

1 (1) **덜다**: 일정한 수량이나 정도에서 얼마를 떼어 줄이거나 적게 하다.
(2) **건방지다**: 잘난 체하거나 남을 낮추어 보듯이 행동하는 데가 있다.
(3) **티눈**: 손이나 발에 생기는 사마귀 비슷한 굳은살. 누르면 속의 신경이 자극되어 아픔.

2 (2) **조리다**: 양념을 한 고기나 생선, 채소 따위를 국물에 넣고 바짝 끓여서 양념이 배어들게 하다.

3 주어진 문장에 '마음이 풀리다'라는 말을 넣으면 친구와 싸워서 하루 종일 화가 나 있었는데 친구의 사과를 받고는 화가 풀렸다는 내용이 됩니다.

24 DAY

1 문화재, 반환 2 ④ 3 (3) ○ 4 광복 5 ⑩ 전쟁 중인 나라, 문화재 관리 시설이 잘 되어 있지 않은 나라
6 (3) ○ 7 민서, 현준

어휘력 강화 1 (1) 보존 (2) 유산 (3) 적극적 2 ④
3 (2) ○

2 민서, 영빈, 아라가 자신의 의견을 뒷받침하기 위해 말한 내용을 살펴보면 모두 문화재를 잘 보존해야 한다는 공통된 생각이 있음을 알 수 있습니다.

3 아라는 문화재는 전 세계가 함께 지켜야 할 유산이기도 하기 때문에 세계 어느 나라에 있든지 잘 보존하고 있으면 된다고 했습니다.

5 뒤에 이어지는 문장에 문화재를 지킬 수 있는 상황이 아닌 나라의 예가 나와 있습니다.

6 영빈이는 문화재를 반드시 돌려주어야 하는 것은 아니라고 생각하므로 문화재를 돌려주지 않아도 되는 까닭으로 알맞은 것을 찾아야 합니다.

7 강제로 빼앗긴 우리 문화재가 우리나라에 돌아왔다는 내용이므로 문화재를 원래 주인인 나라에 돌려주어야 한다는 민서와 현준이의 의견이 잘 적용된 것입니다.

어휘력 강화

1 (3) **적극적**: 어떤 일에 대한 태도에 있어 스스로 하고 긍정적인 것.

2 ① **헛**: 일부 사물의 이름 앞에 붙어 '이유 없는', '보람 없는'의 뜻이 됩니다. ⑩ 헛수고, 헛걸음
② **짓**: '마구', '함부로', '몹시'의 뜻을 더하는 말입니다. ⑩ 짓누르다, 짓밟다
③ **휘**: '마구' 또는 '매우 심하게'의 뜻을 더하는 말입니다. ⑩ 휘감다, 휘날리다
④ **되**: '도로'의 뜻을 더하는 말입니다. ⑩ 되찾다, 되팔다, 되돌아가다
⑤ **시**: '매우 짙고 선명하게'의 뜻을 더하는 말입니다. ⑩ 시뻘겋다, 시퍼렇다

3 정성과 노력을 다하면 우리 문화재를 반드시 되찾을 수 있다는 내용이므로 "공든 탑이 무너지랴"라는 속담이 어울립니다.

1 가: 인공위성의 역할은 다양하다. 나: 인공위성은 우리 눈에 보이지 않는 곳에서 심각한 문제를 일으키기도 하는데, 바로 우주 쓰레기 문제이다. **2** 성민 **3** (2) ○ **4** 가, 나 **5** (1) ○ **6** (1) 나 (2) 가 **7** ② **8** 나

1 글 가는 인공위성이 하고 있는 다양한 역할을 설명하고 있으므로 첫 번째 문장이 중심 문장입니다. 글 나는 우주 쓰레기 문제가 심각하다는 내용을 설명하고 있으므로 첫 번째 문장이 중심 문장입니다.

2 우주 쓰레기가 인공위성에 부딪혀 인공위성의 고장을 일으키기도 한다고 하였지, 인공위성이 고장 나는 원인이 모두 우주 쓰레기 때문이라고 하지는 않습니다.

3 우주 쓰레기가 우주 개발에 방해가 된다는 내용이므로 '걸림돌'이 들어가는 것이 알맞습니다.

4 가의 우주 쓰레기 수거 위성 개발, 나의 우주 쓰레기를 없애는 레이저 기술 개발이 우주 쓰레기 문제를 해결할 수 있는 방법의 예입니다.

5 글 가와 나 모두 자신의 생각을 말하고, 생각을 뒷받침하는 까닭을 들어 쓴 주장하는 글입니다.

> **자세하게**
>
> **주장하는 글**: 다른 사람을 설득하기 위하여 자기의 생각이나 주장을 밝혀 쓴 글로, 논설문이라고도 합니다. 주장하는 글에는 어떤 문제에 대한 글쓴이의 생각과 그것을 뒷받침하는 설득력 있는 까닭(근거)이 드러나 있습니다.

6 글 가는 초등학교에서 시험을 보면 좋지 않은 점을 들어 초등학교에서 시험을 보는 것을 반대하고 있습니다. 글 나는 초등학교에서 시험을 보지 않을 때의 문제점을 들어 초등학교에서 시험을 보는 것을 찬성하고 있습니다.

7 '확대'는 '모양이나 규모 등을 원래보다 더 크게 함.'이라는 뜻입니다. 반 축소
① **거대**: 엄청나게 큼.
③ **확장**: 시설, 사업, 세력 등을 늘려서 넓힘.
④ **폐지**: 실시하여 오던 제도나 법규, 일 따위를 그만두거나 없앰.
⑤ **확실**: 실제와 꼭 같거나 틀림없이 그러함.

8 학교에서 시험을 보는 게 좋겠다는 생각을 말했으므로 글 나와 같은 생각을 말한 것입니다.

---

1 ⑤ **2** 하지 마, 못 살아 **3** ④ **4** 나 **5** ②, ⑤ **6** 주혁 **7** (2) ○

> **어휘력 강화** **1** (1) 제발 (2) 두들기는 (3) 말썽꾸러기
> **2** (1) 쟁이 (2) 장이 **3** (3) ○

1 개구쟁이 아이가 엄마께 자주 듣는 말을 글감으로 하여 쓴 시입니다.

3 각 연에 '좋구요', '좋은데요', '엄마', '제발 ~하지 마세요'를 반복 사용하여 리듬감이 느껴집니다.

4 시에 나오는 인물은 말썽꾸러기인 '나'와 엄마입니다. '내'가 동생을 못살게 굴면 엄마께서 '하지 마.'나 '못 살아.'와 같은 잔소리를 하실 것이므로 나가 가장 알맞습니다.

5 1연에는 어머니의 잔소리가 듣기 싫은 '나'의 마음이 나타나 있고, 2연에는 자기 때문에 못 살겠다고 하시는 엄마를 걱정하는 '나'의 마음이 나타나 있습니다.

6 효주는 시의 내용을 잘못 파악하여 생각이나 느낌을 말하였습니다.

7 (2)는 이 시에 나온 '나'의 마음 중 자신 때문에 못 살겠다고 하는 엄마를 걱정하는 마음이 드러나게 줄글로 바꾸어 쓴 것입니다.

> **어휘력 강화**

1 (1) **제발**: 간절히 바라건대.
　　혹시: 그러할 리는 없지만 만일에.
　(2) **누르다**: 물체의 전체나 부분에 대하여 위에서 아래로 힘을 주어 무게를 주다.
　(3) **말썽꾸러기**: 자주 문제를 일으키는 사람.
　　잠꾸러기: 잠을 많이 자는 사람.

2 (1) **겁쟁이**: 겁이 많은 사람을 낮잡아 이르는 말.
　(2) **도배장이**: 도배하는 일을 직업으로 가진 사람.

3 엄마가 못 살면 '나'는 그 충격으로 견디기 어려워 정말 못 살 것 같다는 뜻이므로 밑줄 친 말은 '하늘이 노래지다'라는 말과 바꾸어 쓸 수 있습니다.

1 택견 **2** ① **3** ㉓ **4** (1) 뜻 (2) 역사 (3) 기술
(4) 가치 **5** ② **6** 현승 **7** (1) ㉓ (2) ㉯ (3) ㉠

어휘력 강화 **1** (1) ㉯ (2) ㉓ (3) ㉠ **2** ② **3** (1) ○

2 삼국 시대에 속하는 고구려 고분 벽화에 택견을 하는 모습이 그려져 있는 것으로 보아, 택견은 삼국 시대 이전부터 했다는 사실을 알 수 있다고 했습니다.

3 **3**문단의 중심 문장은 '택견의 기술은 크게 품 밟기와 활갯짓, 발질로 나뉜다.'이고, 이어지는 문장에 품 밟기와 활갯짓에 대하여 설명하였으므로 ㉠에는 발질에 대한 설명이 들어가야 알맞습니다.

6 효민이는 택견에 대해 더 알아보고 싶은 내용이 아니라 택견을 하는 모습을 스케치북에 그려 보고 싶다고 말했습니다.

7 택견의 기술은 크게 품 밟기, 활갯짓, 발질로 나뉩니다. (1)의 동작은 공격과 방어를 위한 기본 몸가짐인 품 밟기, (2)는 손으로 공격하거나 방어하는 기술인 활갯짓, (3)은 발로 공격하거나 방어하는 기술인 발질에 속합니다.

어휘력 강화

2 첫 번째 문장에 쓰인 '다리'는 '사람이나 동물의 몸통 아래 붙어 있는 신체의 부분.'이라는 뜻이고, 두 번째 문장에 쓰인 '다리'는 '물을 건너거나 또는 한편의 높은 곳에서 다른 편의 높은 곳으로 건너다닐 수 있도록 만든 시설물.'이라는 뜻입니다.

3 주어진 문장에 '어깨를 나란히 하다'라는 관용어를 넣으면 택견이 세계 유명한 다른 무술들과도 견줄 만큼 인정받고 있다는 의미가 됩니다.

1 (2) ○ **2** ㉐ **3** (3) ○ **4** ㉯ **5** ②, ⑤
6 개인은 사회에서 각자의 역할을 가진다. **7** 서준

어휘력 강화 **1** (1) 속해 (2) 역할 (3) 실천
2 (1) 다니신다 (2) 드시는(잡수시는)
3 (3) ○

1 이 글에서는 개인과 사회가 무엇인지, 개인이 사회 속에서 어떻게 살아가는지를 설명하고 있으므로 '개인과 사회'가 글의 제목으로 알맞습니다.

2 이 세상에 살고 있는 한 사람 한 사람은 '개인'입니다.

3 '사회적 동물'이라는 말은 사람은 혼자서만 살 수 없으며, 사회를 이루고 끊임없이 다른 사람과 관계를 만들어 함께 어울려 살아가는 동물이라는 뜻입니다.

4 우리는 여러 사람이 이용하는 도서관에서는 다른 사람에게 방해되지 않도록 조용히 해야 하며 뛰어다니면 안 된다는 규칙을 배웠는데, 경태는 그것을 지키지 않았습니다.

5 사회에서 생활할 때 필요한 것들을 배운다는 내용이 앞에 나오고, 뒤에 나오는 예를 통해 '규칙', '예절', '문화' 등의 말이 들어가야 한다는 것을 짐작할 수 있습니다.

7 지우는 '가족'이라는 사회 속에서 딸로서 가진 역할에 대해 이야기했습니다.

어휘력 강화

1 (3) **실수**: 잘 알지 못하거나 조심하지 않아 저지르는 잘못.
실천: 이론이나 계획, 생각한 것을 실제 행동으로 옮김.

2 (1) 높임 표현은 대상을 높이기 위한 표현으로, 엄마는 높여야 할 대상이므로 '다닌다'는 '다니신다'로 고쳐 써야 합니다.
(2) 할머니는 높여야 할 대상이므로 '먹는'은 '드시는'이나 '잡수시는'으로 고쳐 써야 합니다.

3 (1) **백지장도 맞들면 낫다**: 쉬운 일이라도 서로 힘을 합하면 훨씬 쉽다는 말.
(2) **길고 짧은 것은 대어 보아야 안다**: 크고 작고, 이기고 지고, 잘하고 못하는 것은 실제로 겨루어 보거나 겪어 보아야 알 수 있다는 말.
(3) **미꾸라지 한 마리가 온 웅덩이를 흐려 놓는다**: 한 사람의 좋지 않은 행동이 그 집단 전체나 여러 사람에게 나쁜 영향을 미침을 비유적으로 이르는 말.

1 동물 실험, 중단   2 ①   3 ㉠   4 ㉰
5 (1) **2**. **3**. **4** (2) **5**   6 태강   7 (2) ◯

어휘력 강화   1 (1) 존중 (2) 구조 (3) 중단   2 ④
3 (1) ◯

2 동물을 보호하기 위한 목적으로 동물 실험을 하는 것은 아닙니다.

3 ㉡, ㉢, ㉣에는 동물 실험에 대한 글쓴이의 부정적인 생각이 담겨 있습니다.

4 주장하는 글의 끝부분에서는 글의 내용을 요약하고 글쓴이의 주장을 다시 한번 강조하며 끝맺는 것이 자연스럽습니다.

6 예서는 사람을 위한 동물 실험에 반대하고 있고, 태강이는 사람을 위한 동물 실험에 찬성하는 생각입니다.

7 동물 실험으로 인해 사람에게 도움이 된 경우를 예로 들어 말하였으므로 '동물 실험을 중단하지 말아야 한다'는 주장을 뒷받침하는 내용으로 알맞습니다.

어휘력 강화

1 (1) **존중**: 의견이나 사람을 높이어 귀중하게 여김.
   존재: 실제로 있음. 또는 그런 대상.
   (2) **개조**: 고쳐서 새롭게 만들거나 바꿈.
   (3) **중복**: 되풀이하거나 겹침.

2 ① 무(無): '그것이 없음'의 뜻. ⑩ 무관심
   ② 미(未): '그것이 아직 아닌 또는 그것이 아직 되지 않은'의 뜻. ⑩ 미완성
   ③ 반(反): '반대되는'의 뜻. ⑩ 반작용
   ④ 부(副): '주된 것이 아닌'의 뜻. ⑩ 부작용, 부교재, 부수입
   ⑤ 비(非): '아님'의 뜻. ⑩ 비공개

3 (1) **눈물이 앞을 가리다**: 눈물이 자꾸 나옴을 비유적으로 이르는 말.
   (2) **눈 하나 깜짝 안 하다**: 태도나 눈치 등이 아무렇지도 않은 듯이 보통 때와 같이 행동하거나 대한다는 말.
   (3) **눈에 넣어도 아프지 않다**: 매우 귀엽고 사랑스럽다는 말.

1 전래 동요   2 ②, ⑤   3 ③   4 ②   5 (1) **1**
(2) **2**. **3**. **4**. **5**   6 ㉮   7 동우
8 ⑩ 꽃, 나비 / 구름, 비

1 전래 동요는 어린이들의 입에서 입으로 전해지는 동안에 어린이들의 마음에 맞도록 다듬어진 노래입니다.

자세하게

전래 동요
• 누가 언제 지었는지 알 수 없습니다.
• 어린이의 맑고 순수한 마음이 담겨져 있습니다.
• 간단한 노랫말이 반복되고 곡의 길이도 매우 짧습니다.

2 **가**와 **나**는 글자 수가 대부분 일정하고, 반복되는 말의 느낌을 살려 리듬감 있게 읽는 것이 어울립니다. **나**를 읽을 때에는 돌아가신 부모님을 생각하는 슬픈 분위기가 느껴지게 낭송하는 것이 어울립니다.

3 **가**는 묻고 답하는 내용이 반복되는 형태로 짜여져 있어서 '바늘, 뭣 할꼬?', '잉어, 우리 부모' 등 반복되는 말이 많습니다.

4 **가**에는 부모님께서 오래오래 사시기를 바라는 마음이 나타나 있고, **나**에는 돌아가신 어머니의 제사와 절사를 잘 지내고 싶은 마음이 나타나 있습니다.

6 ㉮ **급하면 바늘허리에 실 매어 쓸까**: 아무리 급해도 일에는 일정한 순서와 절차가 있다는 뜻.
   ㉯ **바늘구멍으로 황소바람 들어온다**: 추울 때에는 바늘구멍 같은 작은 구멍에도 엄청나게 센 찬 바람이 들어온다는 뜻.
   ㉰ **바늘 가진 사람이 도끼 가진 사람 이긴다**: 도끼같이 큰 무기를 가지고 있다고 하여 상대편의 사정을 봐주다가는 도리어 바늘을 가지고 있는 사람에게 진다는 뜻.

8 우리 주변에 있는 것들 중 서로 떨어질 수 없이 밀접한 관계가 있는 두 대상을 생각해 보고 밑줄 친 부분을 다른 표현으로 바꾸어 써 봅니다.
   ⑩ • 구름 가는 데 비 간다
      • 꽃 가는 데 나비 간다
      • 물 가는 데 물고기 간다

32쪽

	❶초	여	름	
❷음	식			
악			❻해	
			수	
	❸윤	❹기	욕	
	❺대	장	장	이

56쪽

	❶후	회		
❷고	유			
	증		❸대	피
		❹감	중	
❺진	원	지	교	
동			통	

80쪽

	❶자		❸야	❹식
❷포	유	류		습
			❺관	리
	❻의	사	❼소	통
	지		비	

104쪽

❶무	명	❷실		❸백	❹성
당		패			에
벌			❺예		
레			❻방	법	
			주		
		❼농	사	꾼	

128쪽

			❸혈		
❶쭉	정	❷이	❹관	❺가	
		륙		르	
			❻털	다	
		❼의			
❽조	바	심			

152쪽

❶절	❷사			❹등	
	랑		❸문	화	재
		❺지			
	❻인	정		❼존	❽중
					단

33쪽	㉠ – 5, ㉡ – 1		57쪽	㉠ – 4, ㉡ – 1
81쪽	㉠ – 5, ㉡ – 1		105쪽	㉠ – 3, ㉡ – 1
129쪽	㉠ – 2, ㉡ – 3			

기적의 학습서
오늘도 한 뼘 자랐습니다.